JN105223

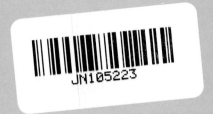

図解
美容室経営の数字に強くなる本

JOSEI MODE

税理士法人 古田土会計

はじめに

私たち古田土会計は、「日本中の中小企業を元気にする」という使命感のもと、主に中小企業の経営改善に関するお手伝いをしています。そして、その核となっているのが、古田土式「経営計画書」と「（月次）決算書」の作成支援・運用。これらは、経営者にとって、経営判断を正しく行なうための柱となるものだといえます。

このうち、経営計画書の作成法と運用法に関しては、前著『5年間で売上が倍になる サロンのための経営計画』（女性モード社刊）で詳しく述べましたが、本書『図解 美容室経営の数字に強くなる本』では、もう一方の決算書にフォーカスし、経営にまつわる数字の見方・読み方、および使い方についてお伝えしていきます。

経営の数字というと、難しく感じるかもしれません。しかし、経営の根本は「サロン・スタッフ共に豊かな未来を築き、スタッフとその家族を幸せにする」ことですから、数字を見る出発点も、「どうしたら豊かな未来とスタッフ・家族の幸せを実現できるか」から始まります。本書の第1部「美容室経営の数字の見方」でも、ここを出発点として、順々に数字の意味を読み解いていきます。

また、豊かな未来もスタッフの幸せも、実現するには利益が必要。つまり、「黒字経営」が大前提ですが、あなたのサロンは今、黒字経営・赤字経営のどちらでしょうか？　もし、現状が赤字経営でも、大丈夫。本書の第2部「美容室経営の数字の使い方」で、数字をベースに黒字経営へ転換するための（現状が黒字経営なら、黒字経営を続けていくための）考え方を紹介していきます。

本書が、あなたの経営力向上の一助となり、サロンとスタッフの豊かな未来に貢献できましたら幸いです。

図解　美容室経営の数字に強くなる本

目次

CONTENTS

第1部

美容室経営の数字の見方

まずは「いくらもうけたらいいか」を考えよう

経営の数字を見る際、最初の取り掛かりとなるのは、**「1年間にどれだけのキャッシュを増やせばいいのか」**です。経営にまつわる数字を理解するのも、どの経営成績をどう改善すべきかを検討するのも、全てここから始まります。

さて、この「増やすキャッシュの額」は、好き勝手に決めるのではなく、明確な根拠に基づいて決めていきます。それは**「サロンで実現したい夢」**。具体的には、次の通りに計算します。10～11ページも参照してください。

A 「サロンの夢」リストをつくる

「実現したい夢」「その夢を何年後までに実現したいか」「夢を実現するにはいくら必要か」を全て書き出して、それぞれの夢について、「必要な金額」÷「何年後までに」を計算し、その合算が、1年間で増やす

1

キャッシュの額となります。

Ⓑ借入金返済リストをつくる

次に、1年間で返済する借入金額を算出します。恐らくほとんどのオーナーは、金融機関や親・知人などから借金をしていると思いますので、「誰から・どこから」「どれだけ」借り入れており、「1年間でいくら返済するか」についても、全てリストに書き出して明確化します。

この「夢の実現Ⓐ」と「借入金返済Ⓑ」のために1年間で必要な金額の合算が、**「1年間でもうけるべき額Ⓒ」**です。

そして、「もうけ」とは、**「総売上」**－**「総費用」**－**「税金」**＋**「減価償却費」**ですね。つまり、ここで「夢の実現」という目標を出発点として、**「売上」**と**「費用」**という、サロン経営にとって大事な指標が導かれるのです。

!! ポイント

「現状、いくらもうかっているか」から将来を考えるのではなく、将来像から「いくらもうけるべきか」という現状を考え、そして変えていく。これが経営の数字に強くなるための第一歩です。

1

「サロンの夢」から もうけるべき額を考える

A 「サロンの夢」リストをつくる

	サロンの夢 （実現したいこと）	何年後までに （イ）	必要な金額 （ロ）	1年間で増やすべきキャッシュ （ロ）÷（イ）
1	例）2店舗目を出店したい	3年後	600万円 （頭金）	200万円
2	ボーナスを支給したい	1年後	100万円	100万円
3				
4				
5				
計				300万円

B 借入金返済リストをつくる

	借入先	借入残高	1年間の返済額
1	例）○×信用金庫	480万円	120万円
2	父親	200万円	20万円
3			
4			
5			
計			140万円

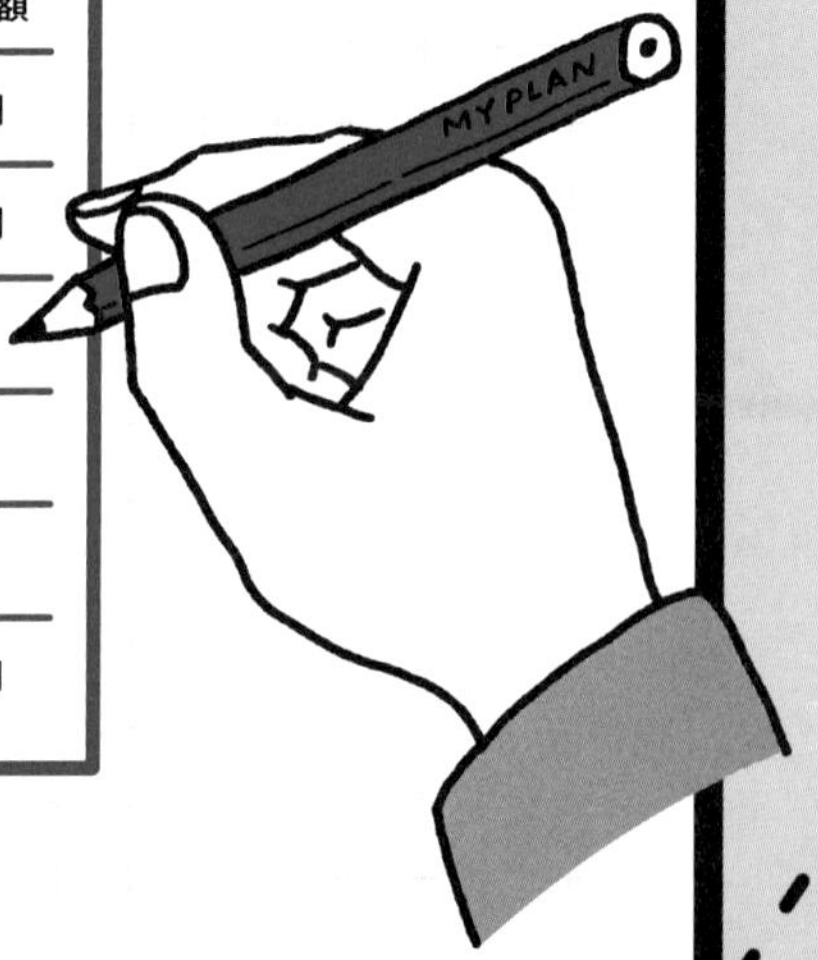

BONUS!
BANK
FATHER
サロンの夢を実現するために
増やすべきキャッシュ
A
借入金
返済額
B
1年間でもうけるべき額
（A+B=C）

「いくらもうけたらいいか」を「いくら売り上げるか」に変えよう

いくらもうけたらいいかが決まれば、経営者として、また美容師として最も身近な数字、「売上」をいくら上げるかも決まります。

1万円の「売上」を得たときの「利益」は、1万円ではありません。施術時に使用した材料の費用がかかっているからです。材料費は、売上に比例して発生する（売上に応じて変動する）費用なので**「変動費」**といい、売上から変動費を差し引いた額を**「粗利益」**といいます。

また、サロンを営業する際には、家賃やスタッフの人件費、広告代金などといった、定期的・固定の費用がかかります。この費用を**「販売費及び一般管理費（販管費）」**、粗利益から販管費を差し引いた額を**「営業利益」**といいます。

借入金に発生する利息も、定期的に固定で支払う必要があります。こ

2

うした、「営業」活動には直接関与しなくても、「企業」活動を行なう中で発生する費用を**「営業外費用」**、営業利益から営業外費用を引いた額を**「経常利益」**といいます。

この経常利益が、実は経営においてとても重要な数字です。なぜなら経常利益とは、通常の企業活動を通して得られた利益、言い換えると、**「サロンの現在の実力」**を表わす数字だからです。金融機関も、融資の際には経常利益に着目します。

あとは、臨時の出来事によって生じた損失（固定資産の売却など、利益の場合もあります）を経常利益から増減した額が**「税引前利益」**、税引前利益から税金を支払った残りが**「純利益（税引後利益）」**、つまり「いくらもうけたらいいか」。ここから逆算して、「いくら売り上げるか」を決めるのです。

!! ポイント

「いくらもうけたらいいか（=利益）」が分かれば、「いくら売り上げるか（=売上）」と「もうけるためにいくらかかるか（=費用）」も決まります。

売上・費用・利益の関係

2

営業利益

本業で
稼いだ利益。

粗利益

原価に上乗せできた
付加価値。売上総利益。

総売上

1期（1年間）で
サロンが得た
全ての売上。

⊖ 営業外費用

支払利息など、
営業とは直接関係ないが、
企業活動の中で
定期的に発生する費用。

⊖ 固定費

人件費、家賃、広告宣伝費、
水道光熱費など、
営業を行なうために
定期的に発生する費用。

⊖ 変動費

材料費や店販仕入れ
など、売上に比例して
発生する費用。
売上原価。

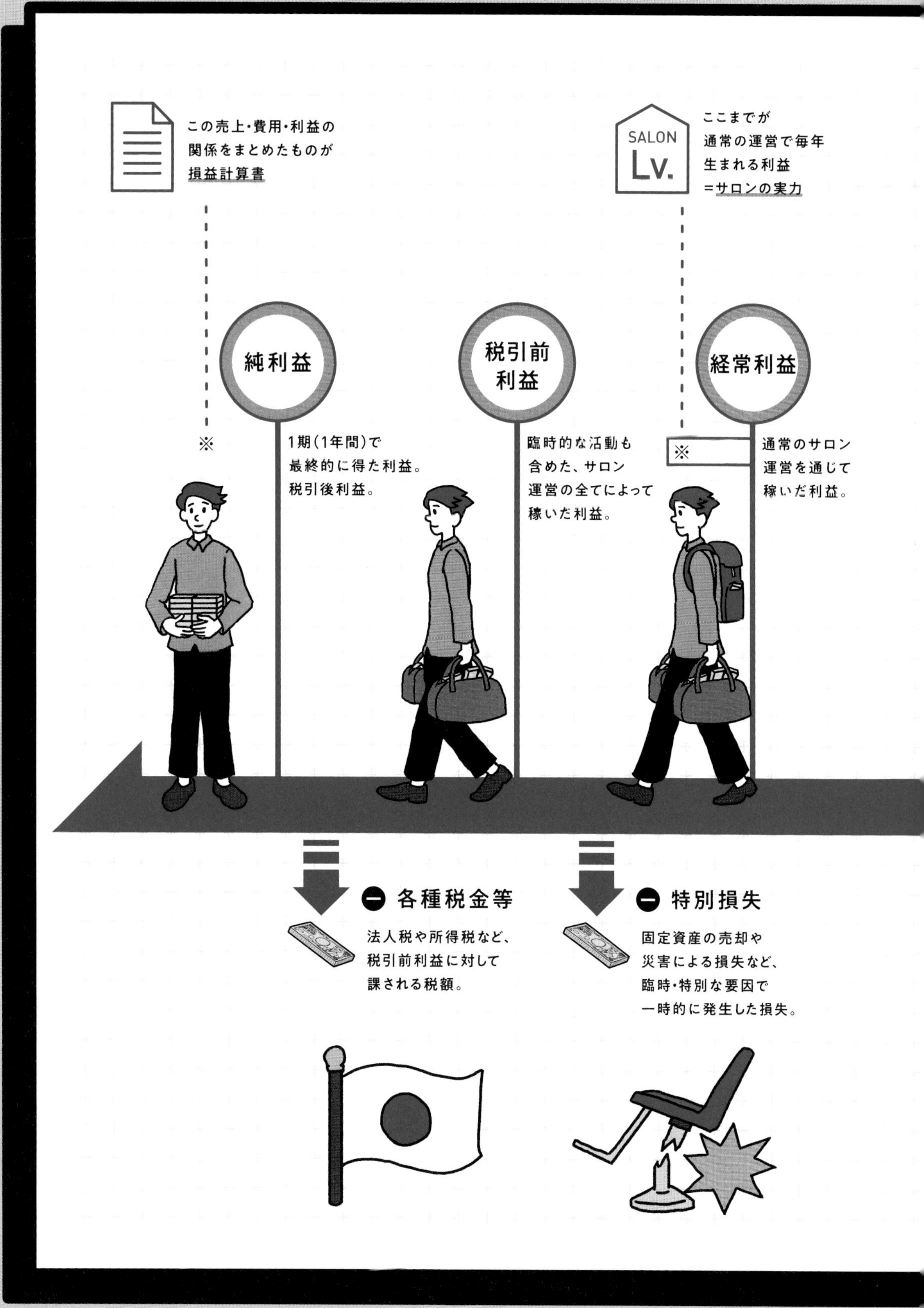
この売上・費用・利益の
関係をまとめたものが
損益計算書
SALON
Lv.
ここまでが
通常の運営で毎年
生まれる利益
=サロンの実力
純利益
税引前
利益
経常利益
※
1期（1年間）で
最終的に得た利益。
税引後利益。
臨時的な活動も
含めた、サロン
運営の全てによって
稼いだ利益。
※
通常のサロン
運営を通じて
稼いだ利益。
各種税金等
法人税や所得税など、
税引前利益に対して
課される税額。
特別損失
固定資産の売却や
災害による損失など、
臨時・特別な要因で
一時的に発生した損失。

損益計算書の数字の見方を知ろう

売上と費用、利益の関係を、一定期間（通常は1年間）で集計したものが、**損益計算書**。18ページの図は、この関係をサロンの費用構造に落とし込み、損益計算書のフォーマットでまとめたものです。

図中、最も左に位置するのが**売上の部**。サロンでは、技術売上と店販売上が二本柱です。

売上の部の右側は、全て**費用の部**。売上を得るために必要な費用は変動費と販管費。ほぼ全てのサロンでは、人件費が最も高くなります。これらに加え、支払利息を粗利益から差し引いたのが経常利益でしたね。

経常利益から特別損失を差し引いたのが税引前利益。税引前利益に対してかかる税金（法人の場合、約3分の1が納税額となります）を差し引いたものが、純利益（税引後利益）となるわけです。

3

さて、この費用構造のうち、変動費と販管費は、例えば、「どのヘアカラー剤を選ぶか」「どの物件に入居するか」といった経営判断によって増減するものです。これを**「戦略経費」**といい、サロンでは総売上に対する約70%が該当します。この戦略経費をどう配分し、利益を残すかが、経営者の役割です。

そしてもう一つ、大事な数字があります。それが**「損益分岐点比率」**。「固定費÷粗利益×１００」で計算します。この比率が低いほど、収益力が高いことを示しており、サロンでは、90%以下が目安となる目標、理想は80%以下です。

損益分岐点比率を下げる方法には**「戦略経費を下げる」「客数を増やす」「客単価を上げる」「無駄遣いを減らして粗利益率を高める」**などがあり、これも経営判断の一つです。

ポイント

損益計算書は、売上と費用、利益の関係を1つにまとめた表。経営がうまくいっているかを見るには、「固定費」と「粗利益」の数字に着目し、「損益分岐点比率=固定費÷粗利益×100」を計算してみましょう。

3

損益計算書の例と重視すべき項目

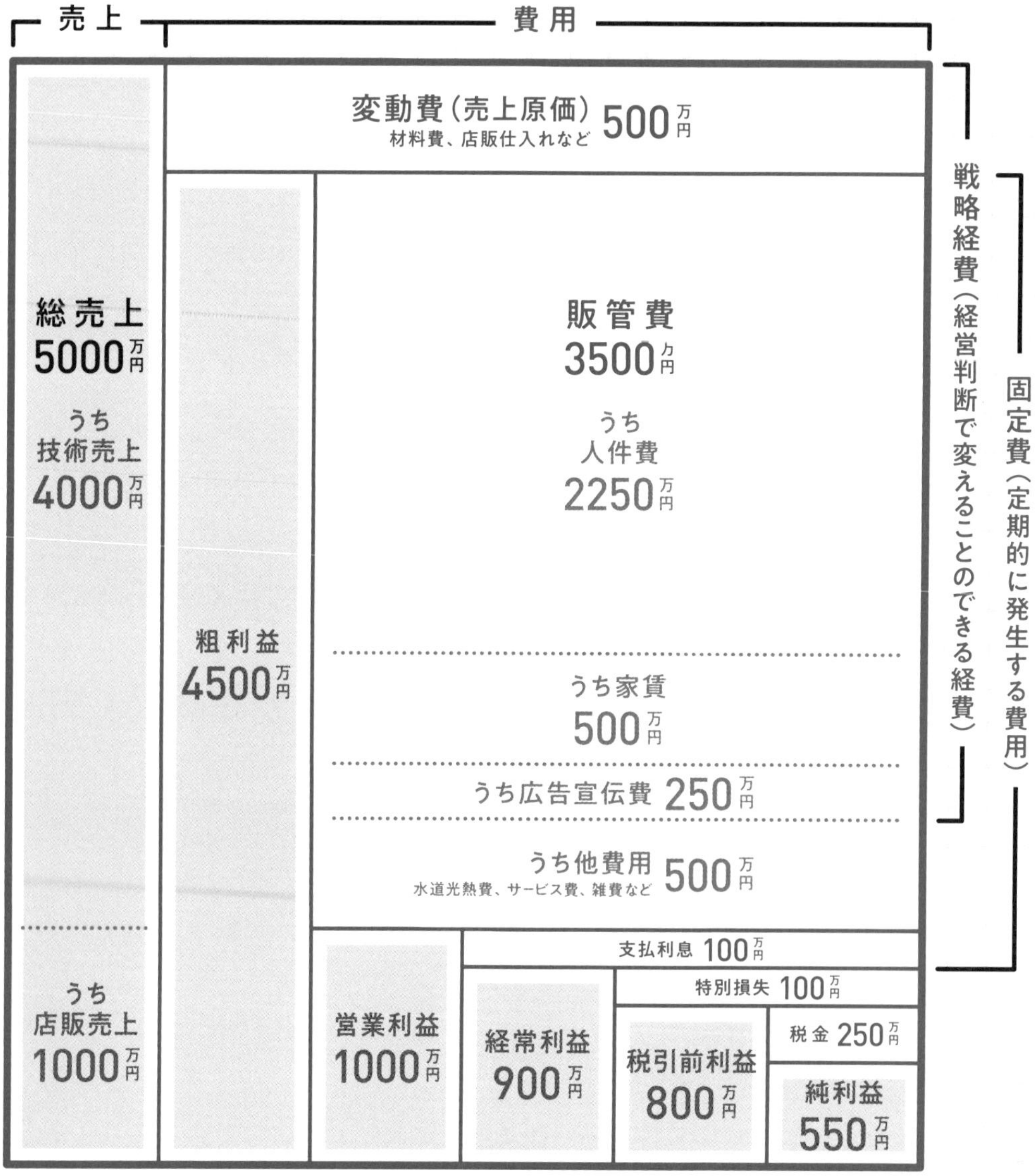

損益計算書でまず計算すべきは損益分岐点比率

損益分岐点比率(%)＝固定費÷粗利益×100

POINT

損益分岐点比率とは、粗利益(付加価値)を生産するために必要とした固定費の額を、
粗利益に対する比率で表したもの。もし粗利益の額と固定費の額が同じなら、
損益分岐点比率は100%。売上原価がかかる分、必ず赤字になる

損益分岐点比率の目標：90%以下／理想：80%以下

▶▶ 前ページの例：固定費3600万円÷粗利益4500万円×100＝80%

損益分岐点比率を下げる方法

- 戦略経費を下げる(特に広告宣伝費を見直す)
- 客数を増やす(集客する、失客を減らす)
- 客単価を上げる(値引率を減らす、メニューを売る、メニュー単価を上げる)
- 粗利益率を高める(材料を無駄遣いしない)

貸借対照表の構成要素を見てみよう

貸借対照表は、資産や負債など、日々の営業とは直接関係のない項目が多く、とっつきづらさを感じるかもしれません。そこでまずは、貸借対照表を構成する要素から解説していきます。

お客さまを施術し、売上を得るには、店舗を構え、各種設備や美容材をそろえることが不可欠ですが、そのためには、お金が必要です。

このお金は、何かしらの方法で調達しなくてはなりませんが、調達先が自分自身（前項で述べた純利益も、資金調達の一つ）で稼いだお金であり、返済義務のないものを**「自己資本」**（純資産とも）といいます。

また、後日の返済を約束し、他者から借り入れて調達することもできます。これを会計上では**「負債」**といいます。「稼いだお金（自己資本）」と「借り入れたお金（負債）」は真

4

逆のように見えますが、実は**「これまでに調達したお金」**という意味ではどちらも同じものなのです。

さて、例えば１０００万円を調達したとして、それを全て設備**（固定資産）**の投資で使い切ってしまうと、人も雇えず、材料も買えません。逆に、６００万円で全てをまかない、手元に４００万円のキャッシュ**（流動資産）**が残っていれば、突然のトラブルにも対応しやすくなります。つまり、**「調達したお金をどう運用しているか」**という情報も、経営状態を見る重要な指標なのです。

貸借対照表とは、**これまでの「お金の調達法」と「お金の運用法」を1つの表に示したもの**であり、同時に、どちらもサロンの創業・設立当初より積み重ねてきた数字であることから、**「サロン経営の歴史」**でもあるのです。

!! ポイント

これまでどのようにお金を調達し、そのお金を運用しているかを示すのが、貸借対照表です。

4

これまでのお金の集め方と、使い方

❶ 調達（会計用語では「貸方」）

お金をどのように集めたか

自己資本 … もうけて集めたお金

返済義務のない、サロン自身のお金

●資本金や元入金　●利益剰余金 …など

負債 … 借りて集めたお金

他者からの借り入れや、ツケ払いの未払い金など、
返済・支払い義務のあるお金

- 流動負債（返済期限が1年以内の負債）
  - ●材料費などの未払金（買掛金）　●未払法人税
  - ●金融機関からの短期借入金 …など
- 固定負債（返済期限が1年以上の負債）
  - ●金融機関からの長期借入金
  - ●長期未払金 …など

❷ 運用（会計用語では「借方」）

調達したお金をどのような形で所有・運用しているか

流動資産 ･･･ 現金そのものや棚卸資産など

1年以内に現金化できる資産

●現金　●預金の残高
●売掛金　●在庫商品 …など

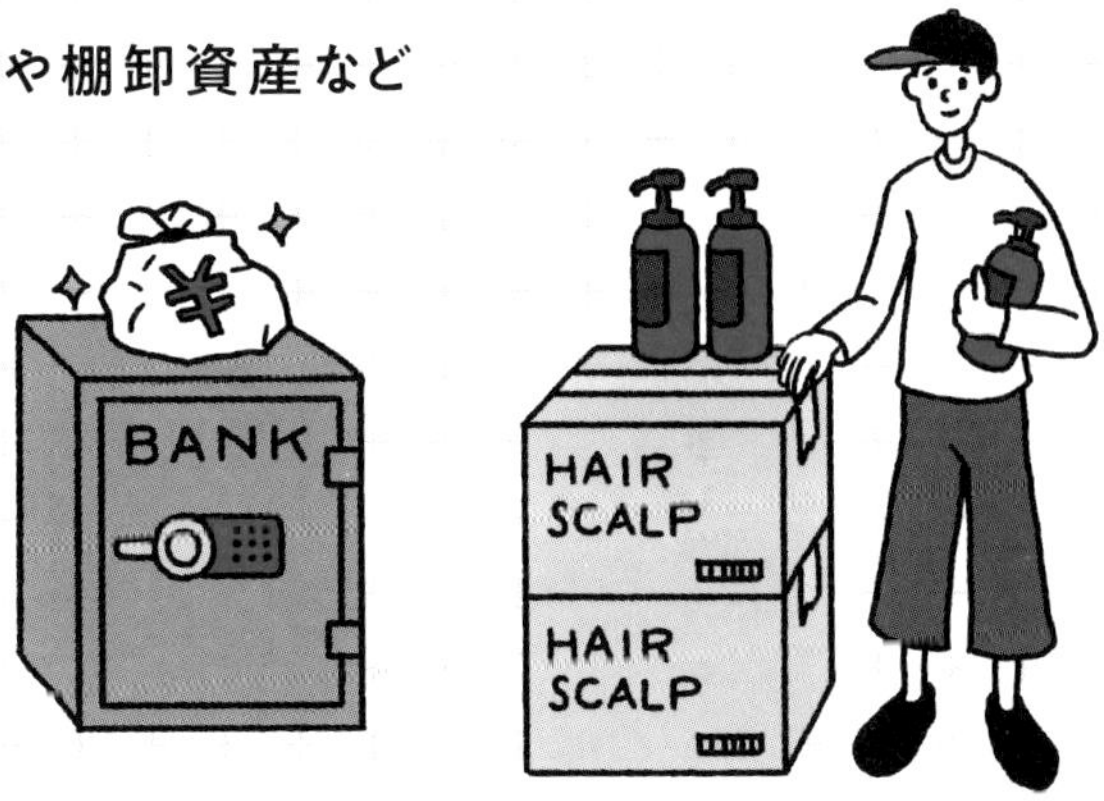

固定資産 ･･･ 現金化しづらい有形・無形の資産

現金化に1年以上かかる資産

●設備　●備品類
●テナントの保証金 …など

「調達の部」と「運用の部」を対比させたものが貸借対照表

実は簡単！貸借対照表の数字の読み方を覚えよう

貸借対照表に並ぶ数字の中で、重視すべきは**「自己資本」**。自己資本とは、これまでのもうけの蓄積を示す数字だからです。金融機関の融資審査では、自己資本を総資産で割った**「自己資本比率」**に着目します。自己資本比率が高いほど、返済不要のお金が多いことを示し、その目標は30％、理想は50％です。

次に**「現金預金残高」**にも注目。目安は、スタッフ人件費の半年分以上（理想は1年以上）です。これだけの現金預金がプールされていれば、突然の災害などで休業を余儀なくされても、給与支払いを通じ、長期間スタッフとその家族を守れます。

ただし、いくら現金預金残高が多くても、その出所が借入金では、安定経営とはいえません。そこで、経営状態を見る指標としては、「現金預金残高」から「借入金残高」を引

5

いた**「資金力」**が重視されます。この**資金力をプラスにすること**が、経営において一つの目標となります。

では、あなたのサロンの資金力を、次ページの式をもとに計算してみましょう。――恐らく、マイナスになったのではないかと思います。実は、私たちの調査では、約9割の美容室は、資金力がマイナスになります。

しかし、焦る必要はありません。大事なのは、資金力を**「何年後に」**プラスに転換するかを計画すること。「何年後に」が決まると、1年間でどれだけ稼げばよいかが定まり、サロンの目標も明確になります。

なお、資金力をプラスにしても、拡張移転や新規出店などで新規に借り入れを起こせばマイナスになりますが、成長のためのマイナスは一向に構いません。再び資金力をプラスにする計画を立てればよいのです。

!! ポイント

貸借対照表の数字では「自己資本」と「現金預金残高」に注目!　自己資本比率を高め、資金力をプラスにするための計画を立てましょう。

5

貸借対照表の例と重視すべき項目

貸借対照表の例

❷ 借方（運用）	❶ 貸方（調達）
流動資産 450万円	負債 600万円
固定資産 550万円	自己資本 400万円
総資産（総運用額）＝1000万円	総資本（総調達額）＝1000万円

POINT

「総資産」と「総資本」は必ず一致

貸借対照表で着目すべきは自己資本比率と資金力

自己資本比率（%）＝自己資本÷総資産×100

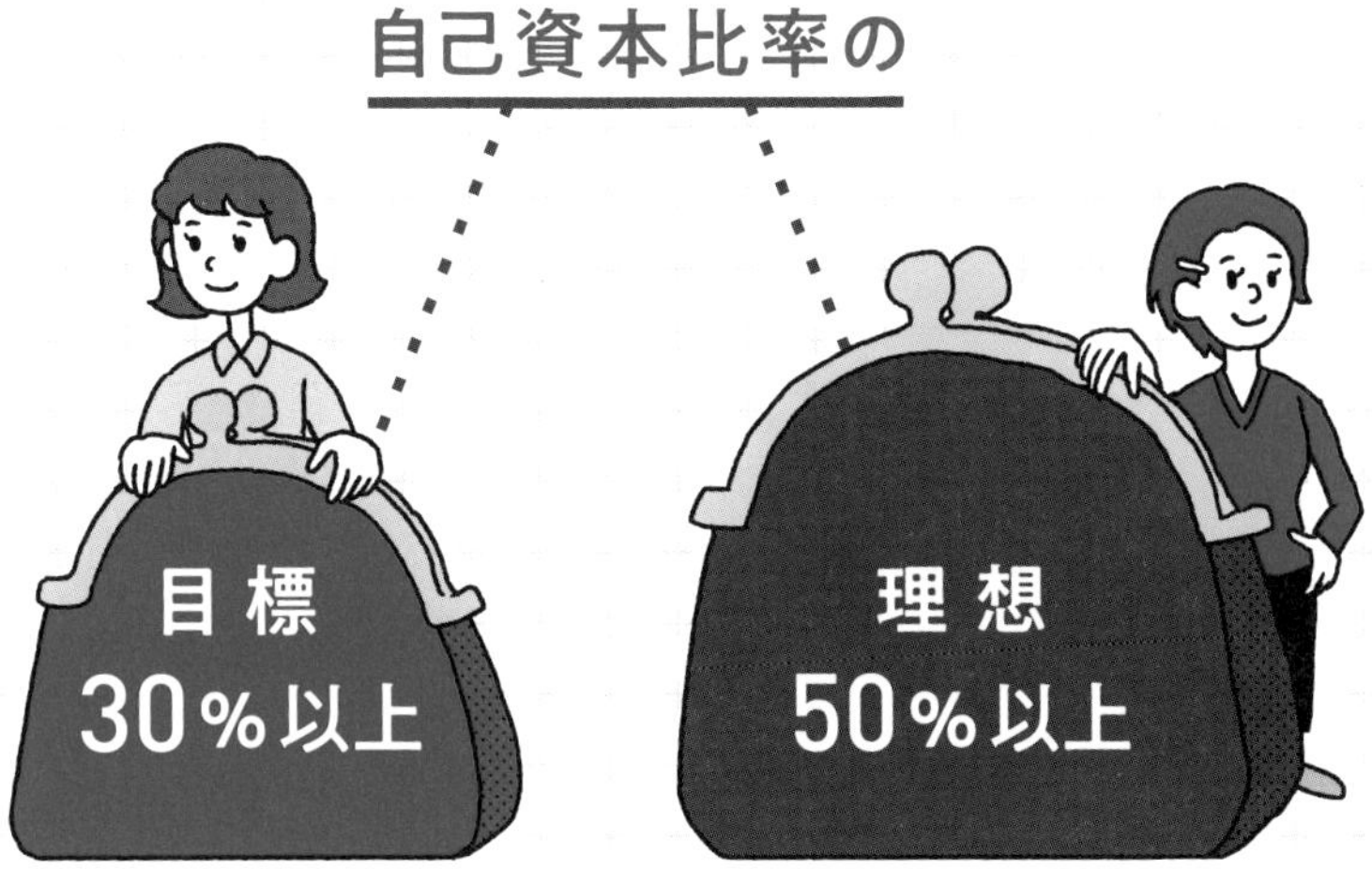

資金力＝現金預金残高－借入金残高

POINT

現金預金残高をスタッフ人件費の6ヵ月分以上
確保した上で、資金力をプラスにすることが目標

キャッシュフローを把握しよう

キャッシュフロー（CF）とは、その名の通り、「お金の流れ」のこと。お金の流れを一定期間（基本的に1会計年度）で取りまとめたのが**「キャッシュフロー計算書」**であり、これまでに述べた「損益計算書」や「貸借対照表」と並び、サロンの運営状況を把握する大事な決算書です。

　キャッシュフロー計算書を作成することで、明確になることがあります。それは、**「サロンのキャッシュが本当に増えているかどうか」**。損益計算書には、資金調達や借入金返済によるキャッシュの動きが現れません（資金調達は利益ではなく、借入金返済も費用ではないため）し、貸借対照表では、売掛金や棚卸資産がどう増減し、キャッシュを得た（失った）のかが見えないのです。キャッシュフロー計算書は、これら

6

のキャッシュを「見える化」する、**第三の目**だともいえます。

キャッシュフロー計算書は、営業ＣＦ、投資ＣＦ、財務ＣＦから構成され、プラス（キャッシュを増やす方向）かマイナス（減らす方向）かで、現在の財政状況が分かります。

営業ＣＦがマイナスならば、**本業で損をしている**ということ。早急な運営の立て直しが必要でしょう。

投資ＣＦがマイナスの場合、**投資を進めている**ことを示しており、必ずしも悪い意味ではありませんが、その投資額が多すぎたり、投資を回収できないようなずさんなものだったりするならば、見直しが必要です。

財務ＣＦがマイナスの場合は、**借入金返済が進んでいる**ということ。即座に悪いわけではありませんが、借入金返済額が多すぎてＣＦを圧迫しているならば、改善が必要です。

!! ポイント

サロンのキャッシュが実際にどう動いた（動いている）のかを知ることで、現在のサロンの状態が明確になります。営業CF、投資CF、財務CFの3つのキャッシュフローをチェックしましょう。

6

キャッシュフローの構成と意味

キャッシュフローとは？

実際に得た収入から、外部への支出を差し引き、手元に残ったキャッシュのこと。およびそのキャッシュの流れのこと。キャッシュフローを知るためには、営業・投資・財務の各キャッシュフローがプラスかマイナスかを見る。

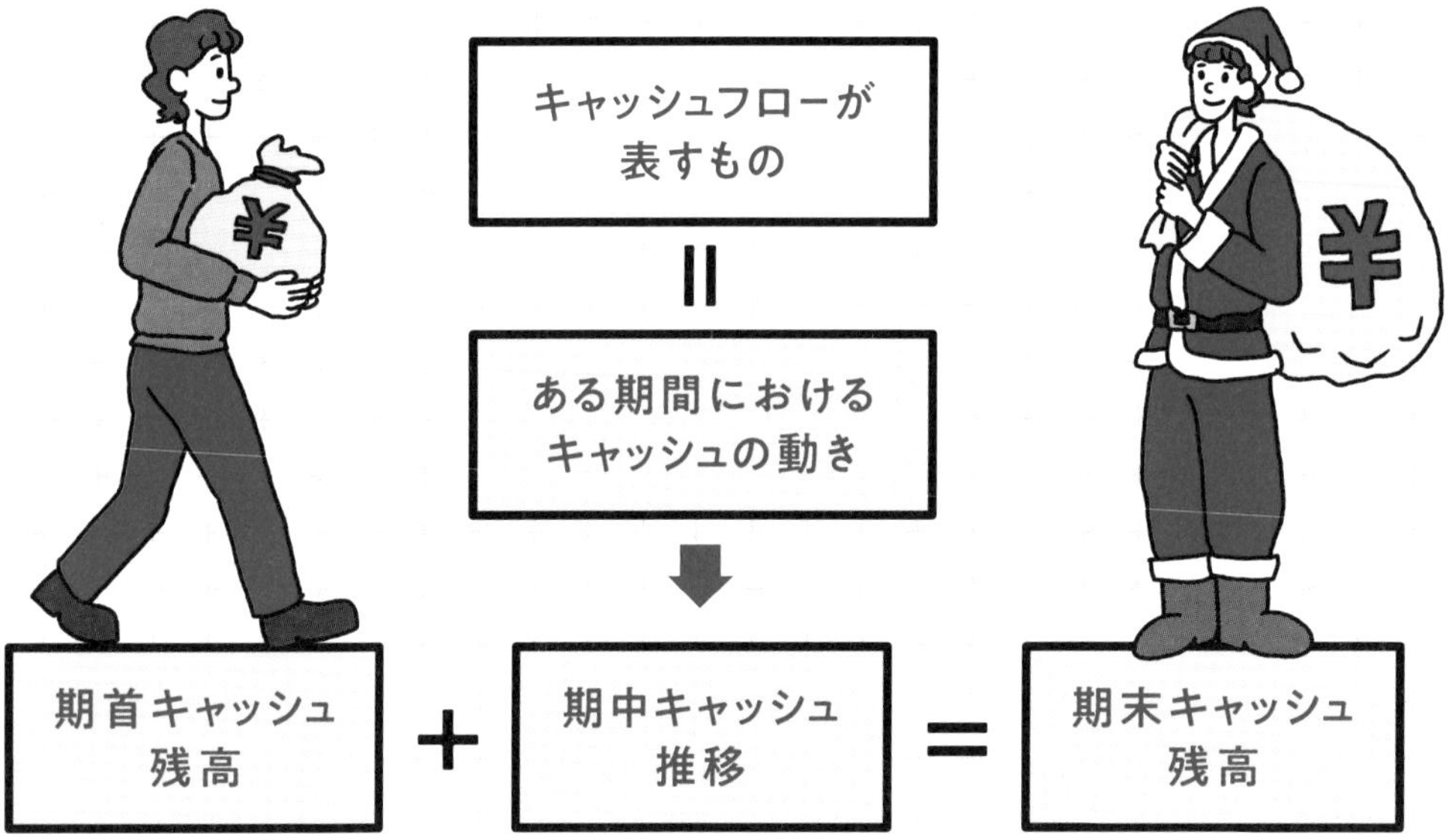

POINT

期中にキャッシュが減少すれば期末キャッシュ残高も減る

キャッシュフロー計算書を構成する3つの要素

1 営業キャッシュフロー（営業CF）
営業活動を通じたキャッシュの動き

営業キャッシュフローが…
- ＋ 本業でキャッシュを得ている
- － 本業でキャッシュを失っている（赤字体質になっている?）

2 投資キャッシュフロー（投資CF）
資産の売買を通じたキャッシュの動き

投資キャッシュフローが…
- ＋ 資産売却を進めている
- － 積極的に投資している（投資しすぎている?）

3 財務キャッシュフロー（財務CF）
借り入れ・返済を通じたキャッシュの動き

財務キャッシュフローが…
- ＋ 資金調達ができている
- － 借入金を返済している（返済額が多すぎる?）

▶ 営業活動でいくら利益が上がっても、過剰に資産を購入したり、借入金返済額が多すぎたりすれば、全体のキャッシュフローは悪化し、資金ショートを起こすことも。

キャッシュフローから分かること

各CF			
営業	投資	財務	意味
＋	－	－	本業で稼いだキャッシュのみで将来への投資をしている
＋	－	＋	本業と借り入れで得たキャッシュを積極的に投資へ回している
＋	＋	－	本業は好調ながら資産を売却し財務内容を改善している
＋	＋	＋	本業は好調ながら資産を売却し次への投資を志している
－	－	－	本業が不調で過去のキャッシュを切り崩している
－	－	＋	本業が不調で局面打開のため投資に注力している
－	＋	－	本業が不調で、穴埋めのために資産を売却している
－	＋	＋	本業が不調で、借り入れと資産売却でしのいでいる

キャッシュフロー計算書から経営の問題点を読み解こう

では、キャッシュフロー計算書の詳しい見方を紹介していきましょう。34ページに示した「キャッシュフロー計算書の例」と交互に参照してください。

「キャッシュフロー計算書の例」では、期首に１０００万円の現預金を持ち、当期純利益も３１５万円を稼いでいます。これだけ見れば、経営は順風満帆のように見えます。

しかし、キャッシュフローの内情を見ると、そうとも言えないことが分かります。**売掛金（ツケ払いの未収金）や棚卸資産が増加**したことで、本来手元に残るはずのキャッシュが半分近く消えてしまいました。

それでも、「営業活動により調達した純キャッシュ」自体はプラスなのですが、「投資活動によるキャッシュフロー」を見ると、**有形固定資産を購入したことによって大幅なマ**

7

イナスを計上しています。

それだけでなく、「財務活動によるキャッシュフロー」も、**長期借入金の返済が多額に上るため**、「営業活動により調達した純キャッシュ」をはるかに上回っています。これでは、キャッシュがたまるはずもありません。結果として、期末の現預金は140万円まで減らし、資金繰りはショート寸前となりました。

以上のことから、キャッシュフロー計算書を通じ、

○**借り入れを起こさず、自己資金のみで固定資産を購入したこと**

○**借り換えなどによる借入金返済額の圧縮を行なわず、純利益を大きく上回る状態を放置していたこと**

が、資金ショートの大きな要因であり、改善点だと分かりました。

こうしたCF分析を行なうことで、健全なサロン経営が実現します。

!! ポイント

キャッシュフロー計算書を読み解くことで、資金ショートの危険性を察知し、原因を究明して、適切な対策を打つことが可能になります。

7 キャッシュフロー計算書を作成して問題を洗い出す

キャッシュフロー計算書の例（税抜、単位:万円）

[1] 現預金期首残高 ① 1000

I 営業活動によるキャッシュフロー				
当期純利益	②			315
1.減価償却費		70		
2.賞与引当金繰入		24		
3.年払引当金等繰り入れ		0		
4.固定資産売却・除却損益等		20		
5.その他（貸倒損失等）		0		
純キャッシュへの調整額合計				114
6.受取手形+売掛金の増減	③	▲133	(増=▲ 減=+)	
7.前受金等の増減		0	(増=+ 減=▲)	
8.支払手形+買掛金の増減		30	(増=+ 減=▲)	
9.前渡金等の増減		0	(増=▲ 減=+)	
10.棚卸資産の増減	④	▲100	(増=▲ 減=+)	
11.裏書手当の増減		0	(増=+ 減=▲)	
販売仕入活動による増減額合計				▲203
12.未払金+未払費用の増減		▲33	(増=+ 減=▲)	
13.未払法人税等の増減		▲51	(増=+ 減=▲)	
14.未払消費税の増減	⑤	▲49	(増=+ 減=▲)	
15.仮受消費税−仮払消費税		96	(増=+ 減=▲)	
16.その他資産の増減		▲10	(増=▲ 減=+)	
17.その他負債の増減		▲3	(増=▲ 減=+)	
その他資産負債の増減額合計				▲50
A 営業活動により調達した純キャッシュ	⑥			176

II 投資活動によるキャッシュフロー			
1.売却可能有価証券の購入および売却等		0	(購入=▲ 売却=+)
2.有形固定資産の購入および売却等	⑦	▲560	(購入=▲ 売却=+)
3.保険積立金の購入および解約等		0	(購入=▲ 売却=+)
4.その他の増減		26	(増=▲ 減=+)
B 投資活動に使用した純キャッシュ	⑧	▲534	

A+B フリーキャッシュフロー（純現金収支） ⑨ ▲358

III 財務活動によるキャッシュフロー			
1.割引手形の増減		0	(増=+ 減=▲)
2.短期借入金の増減	⑩	▲122	(増=+ 減=▲)
3.長期借入金の増減	⑩	0	(増=+ 減=▲)
4.長期借入金の返済	⑩	▲439	(増=▲ 減=+)
5.役員借入金等の増減	⑩	0	(増=+ 減=▲)
6.配当金ほか利益処分・資本金の増減	⑩	0	(増=+ 減=▲)
7.その他固定負債の増減	⑩	55	(増=+ 減=▲)
8.貸付金の増減		4	(増=▲ 減=+)
9.その他の増減		0	(増=▲ 減=+)
C 財務活動に使用した純キャッシュ	⑪	▲502	

A+B+C 期中キャッシュ推移（現預金の増減額） ⑫ ▲860

[2] 現預金期末残高［[1]−（A+B+C）］ ⑬ 140

キャッシュフロー計算書を見るポイント

① 現預金期首残高は1000万円あり、

② 当期純利益も315万円のプラスとなっている。だが…

③ 売掛金（ツケ払いの未収金）は133万円と多く、

④ 棚卸資産も100万円増え、本来手元にあるべきキャッシュが
別のところへ消えてしまっている。また、

⑤ 消費税の支払額も増えたため、

⑥ 営業活動により調達した純キャッシュは176万円と、
②と比較し大きく減らしている。

さらに、設備投資により、

⑦ 有形固定資産の購入および売却等でマイナス560万円を計上し、

⑧ 投資活動に使用した純キャッシュはマイナス534万円と大幅なマイナスに。

結果、

⑨ フリーキャッシュフロー（純現金収支）も358万円のマイナスとなった。

加えて、

⑩ 借入金の返済もかさんでいることから、

⑪ 財務活動に使用した純キャッシュも大幅なマイナス。

最終的に、

⑫ 期中キャッシュ推移（現預金の増減額）は860万円ものマイナス。

⑬ 現預金期末残高は140万円まで減り、資金ショート寸前となった。

キャッシュフローを改善するには？

- 純利益を増やす
- ツケ払いの未収金や棚卸資産を減らす
- 過剰な投資を控える
- 借り換えなどで借入金の返済額を減らす
- 新規に借り入れを起こす

…など

資金力をプラスにするための中期事業計画を立てよう

24ページで述べた通り、経営において「資金力（現金預金残高－借入金残高）」をプラスにすることが、一つの目標となります。

言い換えると、経営を改善し、サロンを成長させていくために、経営者は**「資金力をどうプラスへ転換していくか」**という視点を持つとうまくいきます。

とはいえ、資金力をいきなり今日明日のうちにプラスにする、などということは不可能ですから、大事になってくるのが**「何年後に」**という時間の概念。具体的に言うと、経営改善を目指す際は、**おおむね5年後**を目安に、計画を立てていきます。これを**「中期事業計画」**といいます。

では、一例として、現在の現金預金残高200万円、借入金残高1600万円（資金力はマイナス1400万円）、1年間の借入金

8

返済額は２００万円というサロンを想定しましょう。このサロンの資金力を5年後にプラスへ転換させるには、現金預金残高がいくら以上になればいいでしょうか？

まず、**5年後の「あるべき姿」**を考えてみます。5年間の借入金返済総額は１０００万円ですから、返済が順調に進めば、5年後の借入金残高は６００万円になります。

ということは、現金預金残高が６００万円以上となれば、資金力をプラスに転換できるという計算が成立します。

次ページの図は、5年間で現金預金残高を８００万円増やして、その残高を１０００万円とする、つまり、資金力はプラス４００万円へ引き上げることを想定したものです。ここをゴールとして、中期事業計画を立てていきます。

ポイント

「資金力」という指標から、5年後のサロンの「あるべき姿」が浮かび上がってきます。

5年後の資金力を考える　8

5年後の資金力の計画＝5年後の貸借対照表の計画

現在の資金力

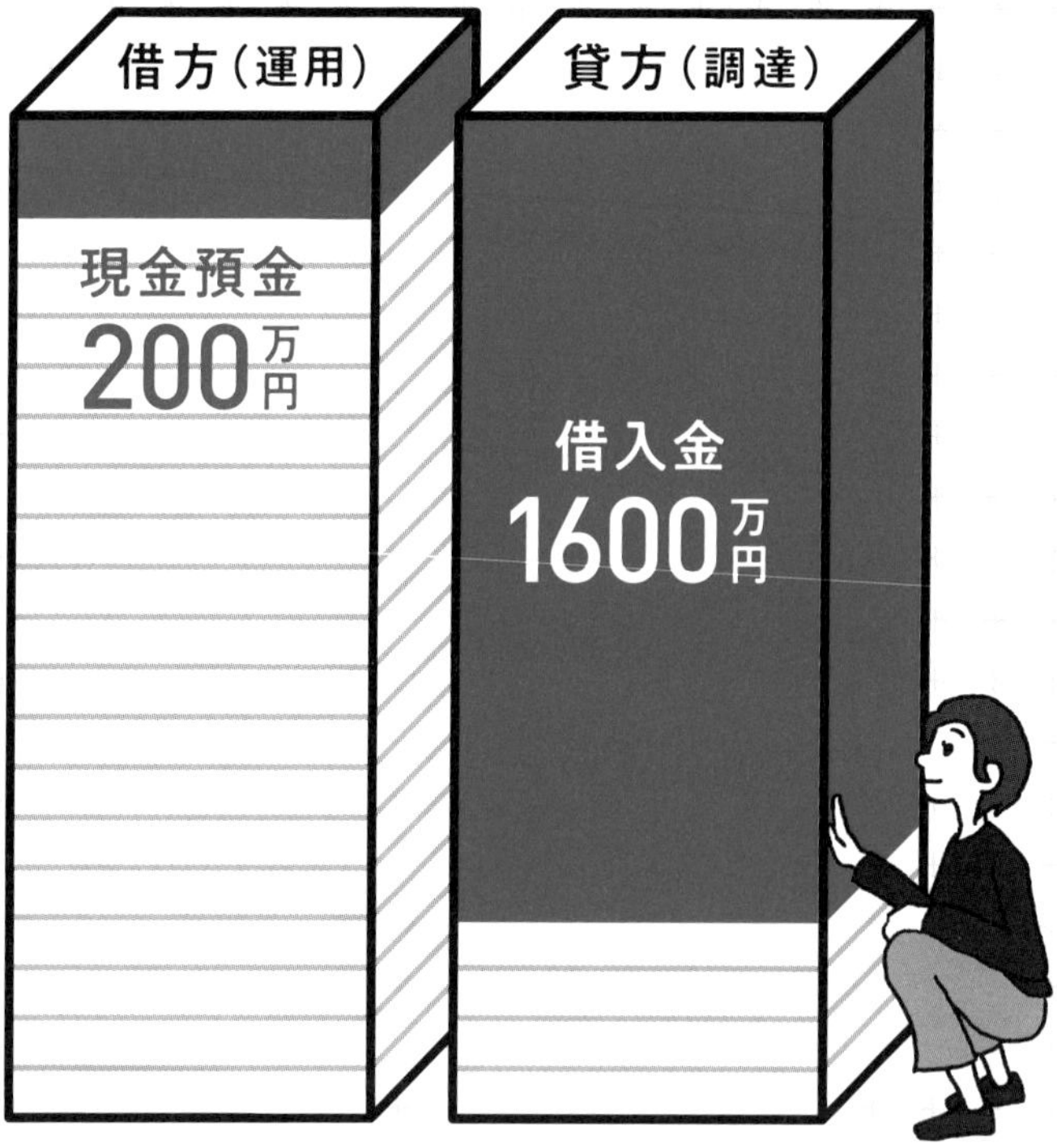

現金預金 200万円 − 借入金 1600万円 ＝ 資金力はマイナス1400万円

資金力がプラスになる例

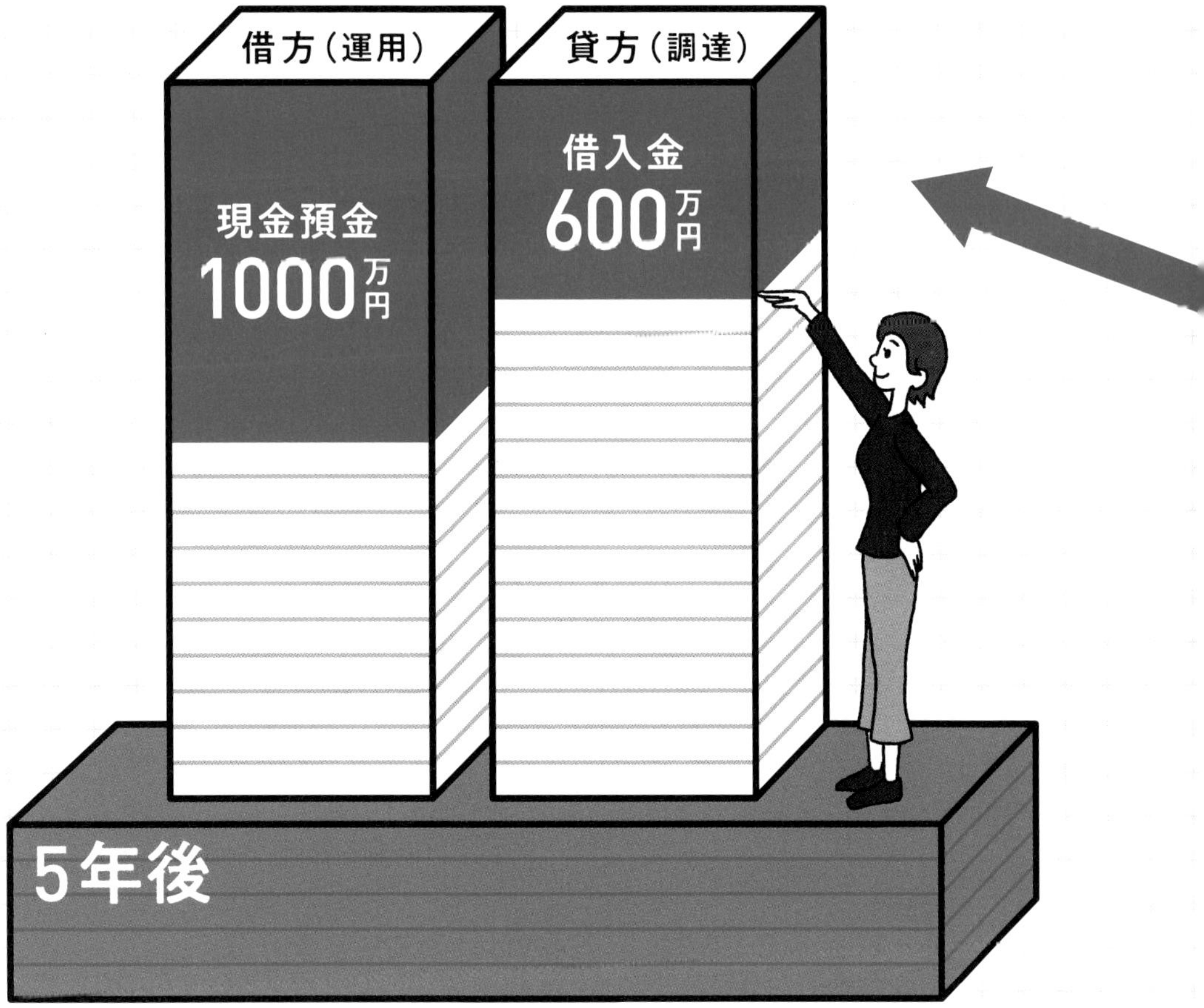

現金預金 1000万円 − 借入金 600万円 ＝ 資金力はプラス400万円

5年間の損益計算書を計画して中期事業計画に肉付けしよう

前項で、５年「後」に資金力をプラスにすると想定しましたが、これを実現するために必要なのはキャッシュ。キャッシュとは、具体的には、**５年「間」の損益計算書の「純利益＋減価償却費」**が相当します。つまり、**中期事業計画とは、５年間の損益計算書とイコールで結ばれるもの**なのです。

さて、５年間で獲得すべきキャッシュの総額は、借入金返済額１０００万円＋現金預金残高の増加額８００万円＝１８００万円でしたね。いきなり１８００万円のキャッシュを稼ぐとなるとハードルは高そうですが、前述の通り、５年間で稼げばいいわけですから、事業の成長や増員も加味しながら、毎年の利益・人員計画を策定していきます。

なお、１８００万円のキャッ

シュを5年間で得るという意味では、均等に割って1年当たり360万円ずつ獲得するという計画もあり得ますが、サロンにおいては、成長も想定して計画を立てることをおすすめします。

42〜43ページに示す図は、成長率を15%前後とした場合の、各年の損益計算書（上）と資金力の変化（下）を表したものです。すなわちこれが、中期事業計画となります。この計画通りに推移すれば、毎年15%の成長を続けながら、5年後に資金力をプラスにできるわけです。

このように、「資金力」はごく単純な指標ですが、この指標から、5年分の目標が導かれました。つまり、これで**「現在」**と**「未来」**がつながったのです。

!! ポイント

現在の資金力と、5年後のあるべき姿（資金力）とは、5年間分の損益計算書によって結び付きます。

9 成長を加味した中期事業計画を立てる

1年後

（万円）

売上		技術売上	1900
		店販売上	200
		売上高合計	2100
費用と利益		売上原価	200
		粗利益高	1900
		（事業成長率）※	114%
	内部費用	人件費	760
		地代家賃	300
		広告宣伝費	100
		減価償却費	30
		その他費用	410
		内部費用合計	1600
		営業利益	300
		営業外損益	0
		経常利益	300
		税金	130
		純利益	170
純利益＋減価償却費			200

借入金返済	200
現金預金に繰り入れ	0

※現在の売上高合計が1850万円の場合

資金力：マイナス1200万円

2年後

（万円）

売上		技術売上	2150
		店販売上	250
		売上高合計	2400
費用と利益		売上原価	240
		粗利益高	2160
		（事業成長率）	114%
	内部費用	人件費	800
		地代家賃	300
		広告宣伝費	120
		減価償却費	30
		その他費用	470
		内部費用合計	1720
		営業利益	440
		営業外損益	0
		経常利益	440
		税金	170
		純利益	270
純利益＋減価償却費			300

借入金返済	200
現金預金に繰り入れ	100

資金力：マイナス900万円

3年後

（万円）

売上		技術売上	2450
		店販売上	300
		売上高合計	2750
費用と利益		売上原価	270
		粗利益高	2480
		（事業成長率）	115%
	内部費用	人件費	900
		地代家賃	300
		広告宣伝費	140
		減価償却費	30
		その他費用	570
		内部費用合計	1940
		営業利益	540
		営業外損益	0
		経常利益	540
		税金	210
		純利益	330
純利益＋減価償却費			360

借入金返済	200
現金預金に繰り入れ	160

資金力：マイナス540万円

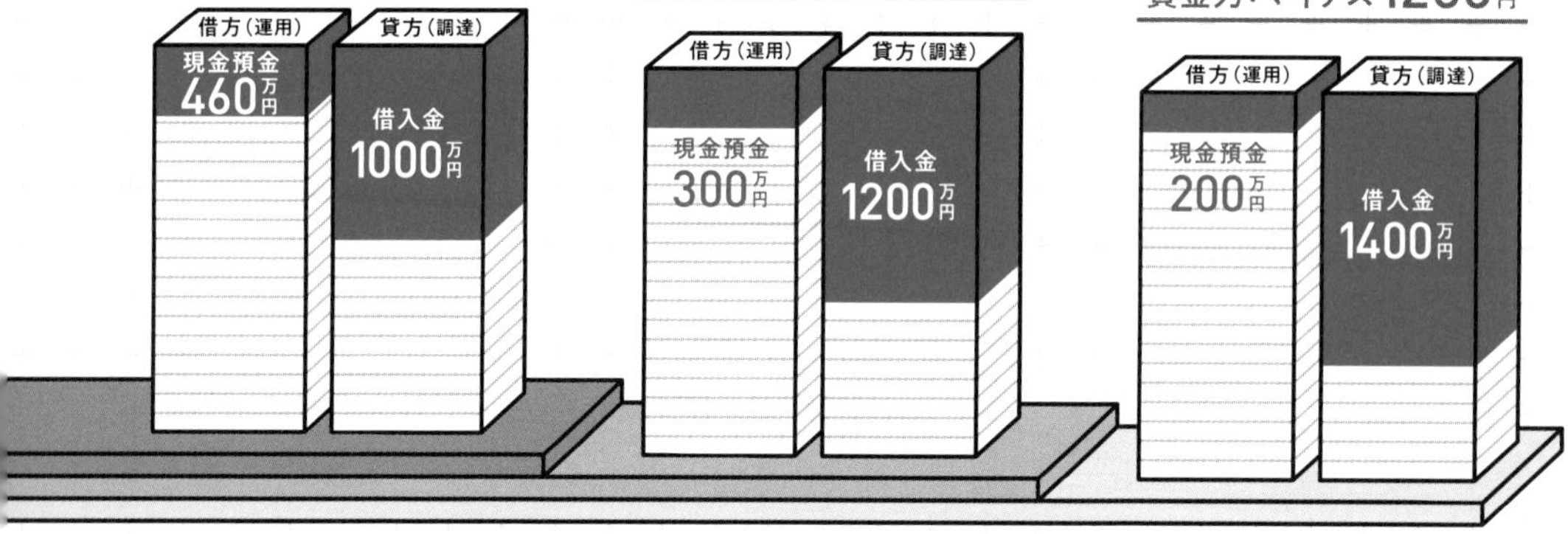

5年後

（万円）

売上		技術売上	3250
		店販売上	400
		売上高合計	3650
費用と利益		売上原価	370
		粗利益高	3280
		(事業成長率)	116%
	内部費用	人件費	1200
		地代家賃	300
		広告宣伝費	180
		減価償却費	30
		その他費用	740
		内部費用合計	2530
		営業利益	750
		営業外損益	0
		経常利益	750
		税 金	280
		純利益	470
純利益+減価償却費			500

借入金返済	200
現金預金に繰り入れ	300

資金力：プラス400万円

4年後

（万円）

売上		技術売上	2800
		店販売上	350
		売上高合計	3150
費用と利益		売上原価	320
		粗利益高	2830
		(事業成長率)	115%
	内部費用	人件費	960
		地代家賃	300
		広告宣伝費	160
		減価償却費	30
		その他費用	720
		内部費用合計	2170
		営業利益	660
		営業外損益	0
		経常利益	660
		税 金	250
		純利益	410
純利益+減価償却費			440

借入金返済	200
現金預金に繰り入れ	240

資金力：マイナス100万円

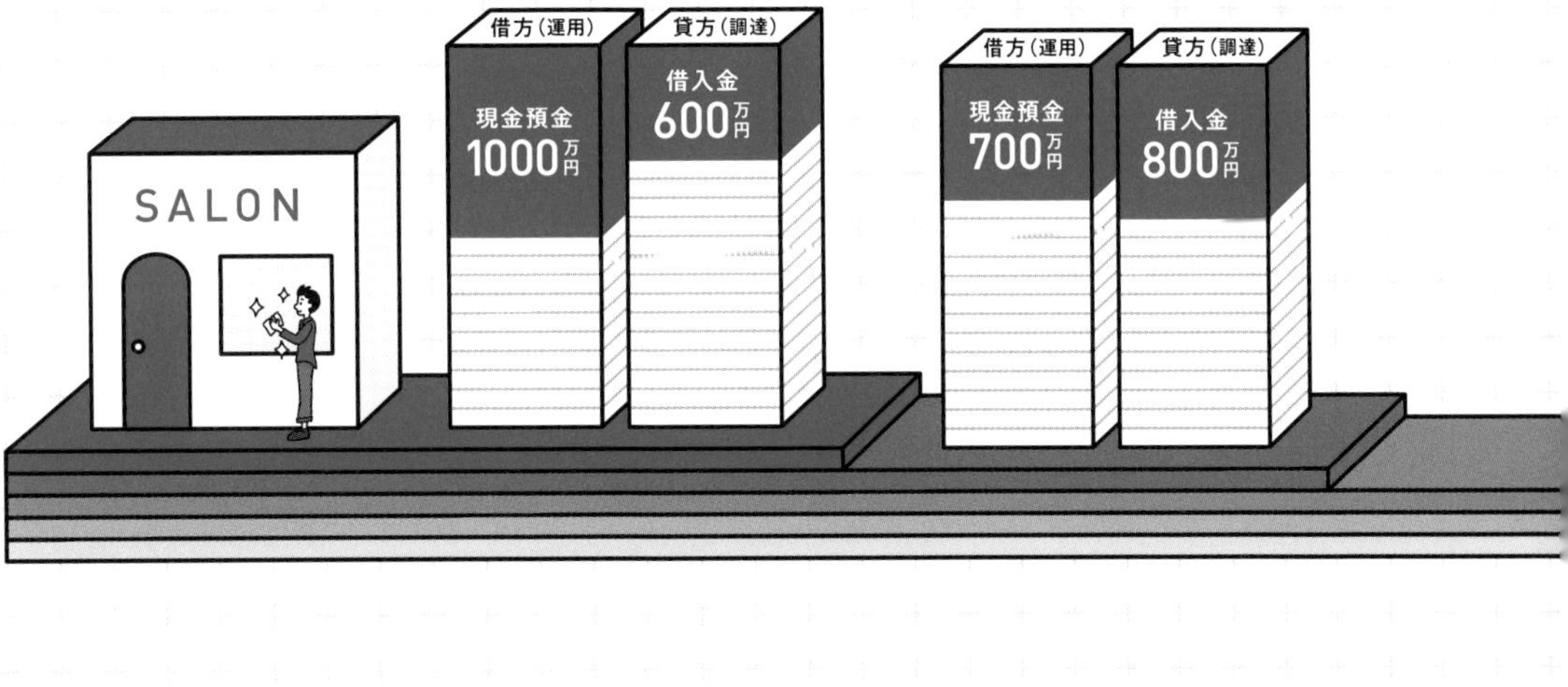

1年ごとの短期利益計画を立てよう

前項で示した中期事業計画は、実はまだ「達成できる」計画ではありません。ここには、売上を実際につくっていくスタッフ一人ひとりの存在（計画）が、まだ盛り込まれていないからです。

すなわち、具体的には、**「全体の目標を達成するため、各スタッフがそれぞれ、各月にどれだけの売上を上げたらいいか」**を決めなくてはなりません。なぜなら、月に１００万円売り上げるために必要な行動と、２００万円売り上げるための行動とでは、全く異なるからです。言い換えると、スタッフごとの売上目標が決まって初めて、スタッフは、目標達成への行動を起こせるようになるのです。これが**短期利益計画**の役割です。

短期利益計画を作成する際は、最初に、年間の総売上目標を、スタッ

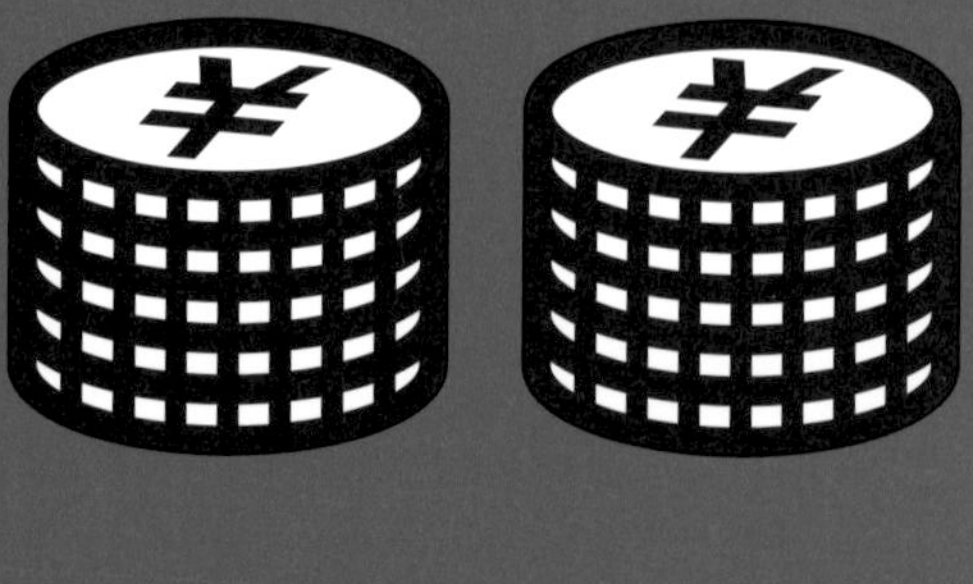

10

フごとの年間売上目標へと割り振っていきます。複数店舗を展開している場合は、一度店舗ごとに割り振った後、各スタッフへ割り振ります。なお、割り振る数値は、前年実績を基準として、ぎりぎり実現可能なものとします。簡単に実現できては成長が望めませんし、逆に実現不可能な数値では、店舗・スタッフともに疲弊します。

次に、**「割り振られた売上目標を達成するには、どれだけの客数と平均客単価が必要か」**を考えていきます。このとき、前年実績をベースとして、客数増を目指すか、平均客単価アップに注力するか、あるいはその両方をバランスよく取り組んでいくか…などと、何パターンかの組み合わせを想定していきます。その方向性によって、重点的に取り組むべき行動も変わります。

!! ポイント

「達成すべき目標」を、「達成できる計画」とするために必要なのが、短期利益計画です。

10 短期利益計画で「理想の損益計算書」を実現する

1 理想の損益計算書を計画する

例　42ページの「3年後」に目指す損益計算書

（万円）

売上	技術売上		2450
	店販売上		300
	売上高合計		2750
費用と利益	売上原価		270
	粗利益高		2480
	(事業成長率)※		115%
	内部費用	人件費	900
		地代家賃	300
		広告宣伝費	140
		減価償却費	30
		その他費用	570
		内部費用合計	1940
	営業利益		540
	営業外損益		0
	経常利益		540
	税 金		210
	純利益		330
純利益+減価償却費			360

② 1年間の売上高・平均客単価・客数を計画する

例　スタッフ2人で2750万円の売上を達成するには？

Aさん

技術売上	1300万円
店販売上	180万円
売上高合計	1480万円

＝

平均客単価	客数
9,000円 ならば	1,645人
10,000円 ならば	1,480人
11,000円 ならば	1,345人

＋

Bさん

技術売上	1150万円
店販売上	120万円
売上高合計	1270万円

＝

平均客単価	客数
9,000円 ならば	1,410人
10,000円 ならば	1,270人
11,000円 ならば	1,155人

＋

Aさん　Bさん

技術売上	2450万円
店販売上	300万円
売上高合計	2750万円

＝

平均客単価	客数
9,000円 ならば	3,055人
10,000円 ならば	2,750人
11,000円 ならば	2,500人

（Aさん、Bさんとも客単価が同じである場合）

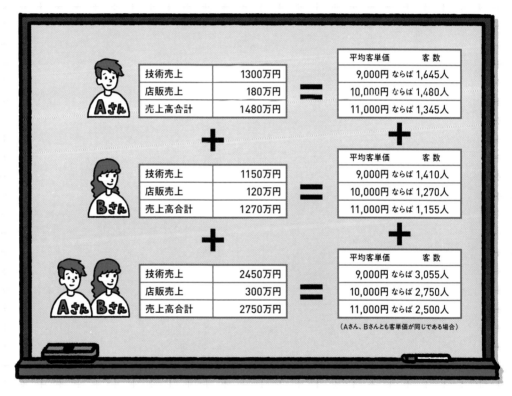

スタッフごと・月ごと の
売上&行動計画に落とし込もう

前項で、各スタッフの年間売上目標と、それを達成するために必要な客数、および平均客単価が明確になりました。これらが決まれば、各月の客単価・客数・売上の目標も定まります。

ただし、これも年間の売上目標を単に12等分するのではなく、季節ごとの変動を加味します。基本的には、前年同月の実績をもとに増減しますが、このとき同時に、例えば、「今年は3～4月の入学・就職・異動時期に合わせて、Instagramで新規集客キャンペーンを展開する」「新しい縮毛矯正技術を習得したから、今年の梅雨時期は縮毛矯正を前面に打ち出す」……など、サロンおよびスタッフ個人の新たな取り組みも織り込んだ上で、客数・客単価・売上などを決めていくと、その目標達成のためになすべき行動も分かりやすく

11

なります。

　余談ですが、行動を想定する際も、「Instagramにスタイル写真をアップして集客する」ではなく、「Instagramに『**50枚の**』スタイル写真をアップする」のように、数値に落とし込むことが重要。あくまで、全ては数値に還元できるのです。

　以上で、第1部「美容室経営の数字の見方」は終了です。最初から思い返してみると、「サロンの夢」から始まった数字の旅は、売上、費用、利益、資金力、事業計画、そして、各スタッフの行動にまでたどり着きました。つまり、美容室における数字とは、**最終的には「スタッフがどう働くか」を決めるものであり、同時に「サロンの夢」と「スタッフの行動」を一続きとするもの**なのです。

!! ポイント

短期利益計画によって、1年ごと・1ヵ月ごとに利益・売上をどう積み重ねるべきかが決まります。

スタッフごとに月間計画を立てる

11

③ 1ヵ月ごとの売上高・平均客単価・客数を計画する

例　46ページの損益計算書を実現できる客単価・客数・売上高は？

月	項目	金額
1月	技術売上	105万円
	店販売上	15万円
	売上高合計	120万円

＝

平均客単価		客数
10,000円	×	120人

＋

月	項目	金額
2月	技術売上	90万円
	店販売上	10万円
	売上高合計	100万円

＝

平均客単価		客数
9,000円	×	111人

＋

月	項目	金額
3月	技術売上	120万円
	店販売上	20万円
	売上高合計	140万円

＝

平均客単価		客数
11,000円	×	127人

＋
⋮
＝

月	項目	金額
1~12月計	技術売上	1300万円
	店販売上	180万円
	売上高合計	1480万円

＝

平均客単価		客数
10,000円	×	1,480人

1月	技術売上	95万円
	店販売上	10万円
	売上高合計	105万円

＝

平均客単価		客 数
9,000円	×	117人

＋　＋

2月	技術売上	82万円
	店販売上	8万円
	売上高合計	90万円

＝

平均客単価		客 数
8,500円	×	106人

＋　＋

3月	技術売上	110万円
	店販売上	15万円
	売上高合計	125万円

＝

平均客単価		客 数
10,000円	×	125人

＋　＋

⋮　⋮

‖　‖

1～12月計	技術売上	1150万円
	店販売上	120万円
	売上高合計	1270万円

＝

平均客単価		客 数
9,000円	×	1,411人

第2部

美容室経営の
数字の使い方

金融機関の評価基準を知ろう

第2部では、経営に関する数字をもとに、どう経営判断を下し、サロンの成長へつなげていけばいいかについて述べていきます。

経営者として避けて通れないのが、金融機関との交渉。有利な条件で融資を引き出すには、金融機関の評価基準を知ることが大事です。

❶「融資ＮＧ」とならないこと

税金や社会保険料の滞納は、運転資金に余裕がないと判断されます。

サロンから経営者への貸付（役員貸付金）の返済がなされていない場合は、経営者がサロンの利益を私的に流用していると判断されます。

債務超過・実質債務超過、2期連続赤字は、返済能力を疑われます。

❷3つの安心を与えること

金融機関の不安は、貸付金が回収不能になること。その不安を取り除

12

くことで交渉が進みます。

定量評価は、業績や財務体質など、サロンの数値の評価。第1部で述べた「経常利益」「損益分岐点比率」「自己資本比率」「資金力」に加え、いくつもの「物差し」があります。次項で詳しく紹介します。

定性評価は、事業に対するサロンの「姿勢」、および「人」そのものの評価です。「姿勢」と「人」が伝わる資料を作成するとよいでしょう。

リスクヘッジは、万が一倒産したときの担保です。

❸自主的に動くこと

複数の金融機関と交渉し、有利な条件を引き出すことが基本です。

借り換えも有効。57ページに、返済年数の短い2つの借入金を一本化して借り換える例を示しますが、これだけで返済額は年125万円減り、資金繰りに余裕が生まれます。

!! ポイント

金融機関がサロンを評価するポイントは、「貸付金をきちんと回収できるかどうか」。その不安を取り除くため、自主的に資料をそろえ、開示していくことが重要です。

12

金融機関との交渉がうまくいく3ステップ

1 「融資NG」とならないこと

NG例：

- 税金・社会保険料などの滞納がある
- 役員貸付金が多く、返済がなされていない
- 債務償還年数が10年を超えている
- 債務超過・実質債務超過である
- 2期連続で純利益が赤字である

...など

2 3つの安心を与えること

- 定量評価（会社の数字）

業績・財務体質がよいか
きちんと返済できるか
※次項で詳述

- 定性評価（会社の姿勢）

会社の姿勢がしっかりしているか
経営者やスタッフが前向きか
経営計画書の作成や経営計画発表会の開催をしているか
金融機関への定期訪問をしているか

- リスクヘッジ（担保力）

万が一倒産しても債権が回収できるのか

③ 自主的に動くこと

- 経営計画や資金繰り表を見てもらう
- 決算書を提出する
- 複数の金融機関と交渉する
- 借り換えを行なう

...など

借り換えによる1年当たり返済額の減額例

借入金額	返済年数	1年当たり返済額
1000万円	10年	100万円
800万円	5年	160万円
200万円	2年	100万円
150万円	2年	75万円
2150万円		435万円

借入金額	返済年数	1年当たり返済額
1000万円	10年	100万円
800万円	5年	160万円
350万円	7年	50万円
2150万円		310万円

POINT

この2つを一本化し
7年返済に借り換え

数字を使って金融機関と交渉しよう

前項の「❷3つの安心を与える」の中で、金融機関はサロンの業績や財務体質などに関する数値を「物差し」として、融資判断をしていると述べました。

つまり、「物差し」とされる数値が良好ならば、融資交渉も有利に進めることができます。

その物差しは、**「安全性」「収益性」「成長性」「返済能力」**の4つ。

「安全性」は、**サロンがつぶれないかどうかを見る物差し**。「自己資本比率」「ギアリング比率」「固定長期適合率」「流動比率」などがあります。

「収益性」は、**サロンがもうかっているかどうかを見る物差し**。「売上高経常利益率」「総資本経常利益率」「収益フロー」などがあります。

「成長性」は、**サロンが成長しているかどうかを見る物差し**。「経常

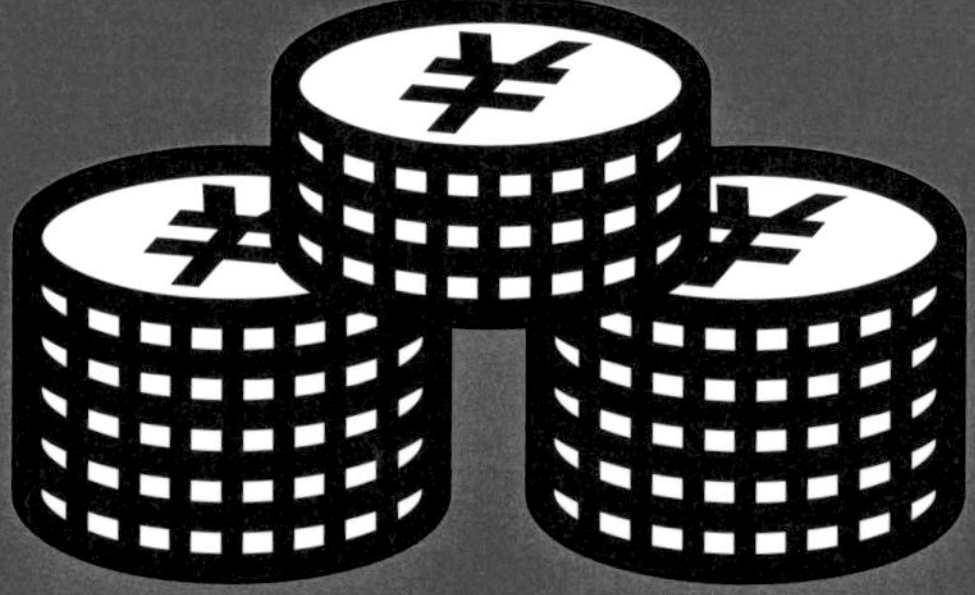

13

利益増加率」「自己資本額」「売上高」などがあります。

「返済能力」は、**サロンがきちんと返済できるかどうかを見る物差し**。「債務償還年数」「インタレスト・カバレッジ・レシオ」「キャッシュフロー額」などがあります。

なお、金融機関と交渉する際は、融資額や利率に目が行きがちですが、もう一つ「**毎年（毎月）の返済額**」にも注意が必要です。鉄則は「**返済は可能な限り、ゆっくりと**」。この関係性はダムにたとえられますが、いくら営業でもうけても（ダムへ流入する水）、借入金の返済額がそれ以上に多ければ（ダムから流れ出る水）、手元に残るキャッシュ（ダムの貯水量）は増えないからです。返済額が多いならば、前項で述べた通り、借り換えも検討してください。

!! ポイント

金融機関が融資判断に用いる「物差し」を知ることで、金融機関との交渉を有利に進めやすくなります。その上、この物差しは、経営判断を下す際の指針としても役立てることができます。

金融機関が見る数字

13

定量評価の「物差し」

安全性 ・・・ 会社がつぶれないかを見る物差し

自己資本比率(%)	自己資本 ÷ 総資本(自己資本 + 負債)× 100	比率の高い方が有利
ギアリング比率(%)	負債 ÷ 自己資本 × 100	比率の低い方が有利
固定長期適合率(%)	固定資産 ÷(固定負債 + 自己資本)× 100	比率の低い方が有利
流動比率(%)	流動資産 ÷ 流動負債 × 100	比率の高い方が有利

収益性 ・・・ 会社がもうかっているかを見る物差し

売上高経常利益率(%)	経常利益 ÷ 売上高 × 100	比率の高い方が有利
総資本経常利益率(%)	経常利益 ÷ 総資本 × 100	比率の高い方が有利
収益フロー	何期連続で黒字(赤字)か	黒字続きの方が有利

成長性 ・・・ 会社が成長しているかを見る物差し

経常利益増加率(%)	(当期経常利益 − 前期経常利益)÷ 前期経常利益 × 100	比率の高い方が有利
自己資本額	自己資本額がいくらか	自己資本額の多い方が有利
売上高	売上高がいくらか	売上高の多い方が有利

返済能力 ・・・ きちんと返済できるかを見る物差し

債務償還年数	(有利子負債 − 現金)÷(当期純利益 + 減価償却費)	年数の少ない方が有利
インタレスト・カバレッジ・レシオ	営業利益 ÷ 支払利息	倍率の大きい方が有利
キャッシュフロー額	キャッシュフロー額がいくらか	キャッシュフロー額の多い方が有利

POINT

債務償還年数は10年以下がほぼ必須条件！

返済は可能な限り、ゆっくりと

投資に見合う利益が上がったか検証しよう

前項では、金融機関から融資を引き出すための数字について述べましたが、そうして得た資金は、原則的に出店・改装や美容機器更新、スタッフ雇用、宣伝広告などに充て、集客力を高め、サービスを拡充していきます。これが「**投資**」です。

次に、投資したモノやヒトに付加価値をつけ、技術やサービスをお客さまへ販売して売上を上げ、利益を得ていきます。これが「**回収**」です。

そして、回収した利益から借入金を返済し、残った利益の一部をまた投資に回し、回収し……のように、投資と回収を繰り返しながら、利益を増大させていきます。言い換えると、**商売とは、投資と回収の無限の繰り返し**だともいえるでしょう。

ただし、売上に全くつながらないことに投資しても、利益どころか、

14

元手さえ回収できなくなります。そのため経営者は、「この投資は効果的だったかどうか」を合理的に検証し、見極めなくてはいけません。

では、どのようにして見極めたらいいのか。その指標となるのが**「投下資本利益率（ROI）」**または**「資金回収期間」**。どちらも、投資額に対する回収効率を見るものです。

その計算式を、65ページに示しました。「サロンの一部改装への投資」と「サロン全体への投資」で若干異なりますが、意味は同じです。**投下資本利益率20%以上＝資金回収期間5年以下が、投資が適切か否かの目安**となります。この基準を下回ったならば、売上を伸ばせるように体制を見直し、それも不可能ならば、投資が失敗であったと認めて反省して、次の投資判断に生かしていきます。

!! ポイント

経営とは、投資と回収の繰り返し。だからこそ、投資に見合う利益を回収できたかどうか、精査し続けることが必要です。

14 投下資本利益率とは？

投資の可否を合理的に判断する指標

＝投下資本利益率

ROI（Return On Investment）とも

投資額に対して、期間中（主に1年間）に、
どれだけの利益が得られた（得られそう）かを示す指標。
投下資本利益率が高いほど、投資額がすぐ回収
できることを表しており、経営上、効率が良いといえる。

投下資本利益率の計算式

器具の追加導入や設備更新など、サロンの一部に関する投資効率を見る場合

投下資本利益率(%)
=(投資によって得た年間売上ー売上原価)÷総投資額×100

出店・拡張など、サロン全体に関する投資効率を見る場合

投下資本利益率(%)
=(1年間の純利益+減価償却費)÷総投資額×100

※70ページ以降も参照のこと

▶ 投下資本利益率の逆数が「資金回収期間」=投資額がペイできる年数

資金回収期間=1÷投下資本利益率(%)
または、
資金回収期間=総投資額÷1年間の回収額
(1年間の純利益+減価償却費)

▶ 投資OKの目安… **投下資本利益率20%以上=資金回収期間5年以下**

投下資本利益率と資金回収期間の関係

投下資本利益率	資金回収期間
100%	1年
50%	2年
33%	3年
25%	4年
20%	5年

投下資本利益率	資金回収期間
15%	6年8ヵ月
12%	8年4ヵ月
10%	10年
5%	20年

投資を迷ったら 投下資本利益率を試算しよう

投下資本利益率および資金回収期間は、**投資を検討している案件について正しい経営判断を行なう際にも役立ちます。**

68〜69ページは、シャンプー台の更新を例に、3通りの投資を投下資本利益率から比較検討したものです。

Ⓐの**「同じシャンプー台に交換する」**は、投資というよりは修繕です。話を単純化するため「利益アップに貢献せず」としていますが、実際には、古いシャンプー台は故障の確率が上がり、施術に支障が出るので、「故障のリスクを回避する投資」としては無意味ではありません。

Ⓑの**「最新式シャンプー台の導入だけはする」**は、投資によって顧客こそ若干増加していますが、投下資本利益率は8・6％（資金回収期間は11年8ヵ月）ですから、投資NGです。それでも導入したいな

15

らば、シャンプー台の値引き交渉や、最新式シャンプー台での施術を売りにした集客などで、投下資本利益率を20％まで引き上げるべきです。

Ⓒの**「最新式シャンプー台を導入し、ヘッドスパを始める」**は、ヘッドスパメニューもスタートさせることで、売上の大幅アップを目指すものです。その分、トレーニング費用や材料費の購入などといった投資額も増えますが、ヘッドスパ比率が当初の想定通りに推移すれば、投下資本利益率は38・7％（資金回収期間は2年7ヵ月）となり、十分にペイできる計算となります。

この試算法は、ほぼ全ての投資判断に使えます。投資の可否を迷った際は、投下資本利益率を試算してみてください。試算を繰り返すことで、どんどん数字に強くなれます。

ポイント

投下資本利益率を試算して、短期間で確実に回収できる投資を選択しましょう。

15 投下資本利益率は経営判断の指南役

例　最新式シャンプー台、導入すべきか、見送るべきか

既存のシャンプー台が老朽化。同じシャンプー台に交換するなら20万円だが、
この機会に、思い切って100万円の最新式フルフラットシャンプー台を導入し、
さらには、ヘッドスパメニューを始めることも検討している。
ただ、新メニューを始めるとなると、初期費用も余計にかかるし…。

Plan A 同じシャンプー台に交換する

Plan B 最新式シャンプー台の導入だけはする

Plan C 最新式シャンプー台を導入し、ヘッドスパを始める

条件

- 年間延べ来店客数は2,500人、平均客単価は8,000円。
- 最新式シャンプー台に交換すると、その効果で年間延べ来店客数は12人（1ヵ月当たり1人）増える。
- ヘッドスパを開始すれば、来店客のうち10％が30分3,000円のメニューを注文すると見込める。
- 全ての施術について、原価率は10％。
- ヘッドスパ導入のためのトレーニング費用や最初の宣伝広告の費用、材料費など、初期費用は100万円。

A　同じシャンプー台に交換する

投資した20万円のシャンプー台は、
利益アップに貢献しないため、
投資は直接的には回収されない。

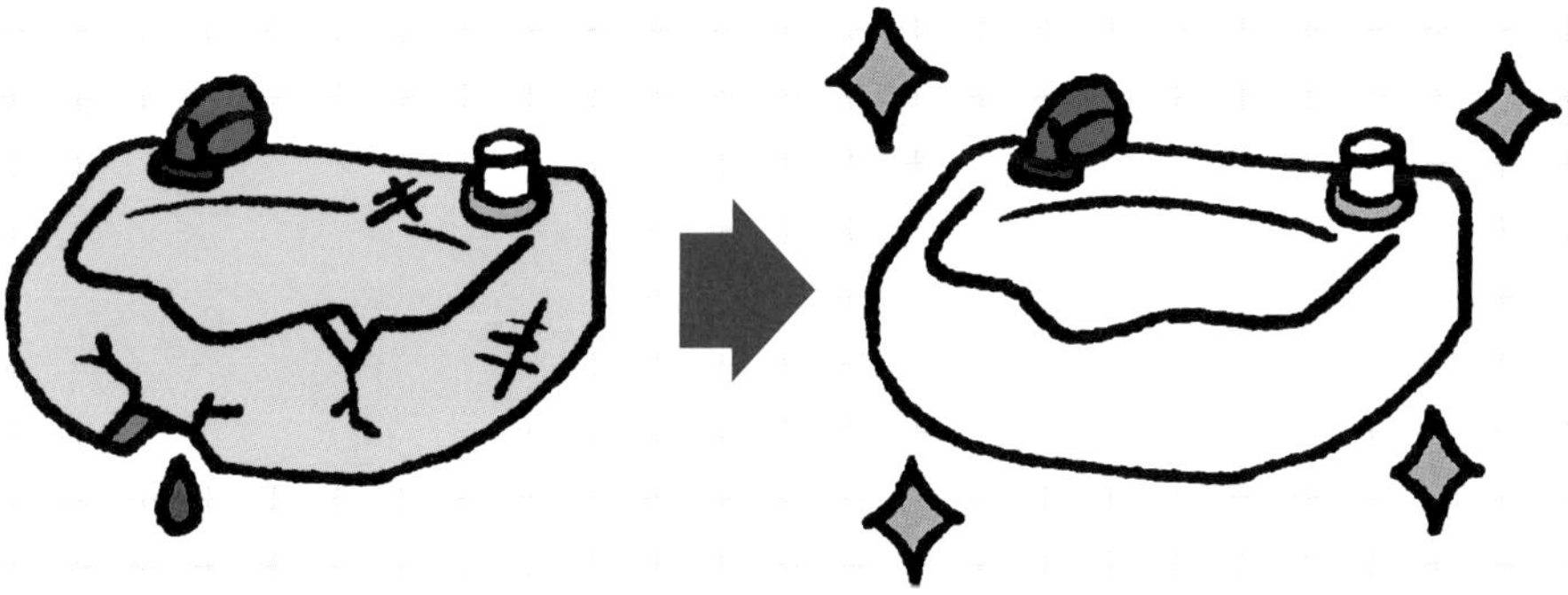

B 最新式シャンプー台の導入だけはする

投下資本利益率（%）
=（客単価8,000円－売上原価800円）
×増加する客数12人
÷投資額100万円×100
=8.6%

資金回収期間=1÷8.6%
=約11年8ヵ月 → 導入NG

C 最新式シャンプー台を導入し、ヘッドスパを始める

投下資本利益率（%）
={（客単価8,000円－売上原価800円）×増加する客数12人}
+{（ヘッドスパ単価3,000円－売上原価300円）
×（総客数2,512人×ヘッドスパ比率10%）}
÷（投資額100万円＋100万円）×100
=38.2%

資金回収期間=1÷38.7%
=約2年7ヵ月 → 導入OK!

出店の可否をシミュレーションしよう

出店や拡張（拡張移転）は、サロンの成長にとって必須ですし、創業前から「3年後には2店舗目を」などと夢を描いているオーナーも多いと思います。一方で、出店や拡張は、その投資額も大きく、ほとんどのケースでは新たに多額の融資を受けることとなる上、失敗したからといってすぐ撤退できるものでもないため、決して夢だけで突っ走っていいものではありません。

そこで、設備投資を検討するのと同様に、投資回収効率を試算すべきでしょう。本項では、**「資金回収期間」**を主軸に試算する方法を述べていきます。

❶資金の準備

金融機関から融資が受けられ、また無理なく返済できる限度額は、**総預金額の2倍**まで。つまり、出店のために手元から出せるお金＋総預金

16

額の2倍までが、総調達額（店舗づくりに使える金額）と考えます。

❷開店までの投資額の計算

開店までには、**「店舗づくりそのものの費用」**と**「開店準備中の費用」**の両方がかかります。この合計額（総投資額）が、❶の総調達額以内に収まるように、店舗規模や条件などを一つひとつ想定していきます。

❸投下資本利益率の試算

❷の条件で見積もられる総売上や固定費などから、**営業することで手元に残るキャッシュを計算**し、資金回収期間を試算します。

❹出店のOK・NGの判定

資金回収期間が**5年以下ならば出店OK**。5年を超えるならば再考すべきです。

ポイント

出店・拡張は失敗できない投資です。資金回収期間を試算して、出店の可否を正確に判定し、安全な出店・拡張を実現しましょう。

出店の可否を判断するための 4STEP

16

65ページのおさらい

【出店・拡張など、サロン全体に関する投資効率を見る場合】

投下資本利益率（%）
=（1年間の純利益+減価償却費）÷総投資額×100
または、
資金回収期間
=総投資額÷1年間の回収額（1年間の純利益+減価償却費）

STEP 2

何に、いくら使うか？

店舗づくり		開店まで	
保証金	万円	家　賃	万円
内　装	万円	人件費	万円
器　具	万円	広　告	万円
材　料	万円	その他	万円
その他	万円	計	万円
計	万円		

総投資額（店舗づくり+開店まで）
　　万円 … Ⓐ

CHECK 総投資額が、総調達額以内に収まっているか？

お金はいくら準備できるか？

手元の預金から出せるお金　　万円 ＋ 借入額　　万円

＝ 総調達額　　万円

CHECK 借入額は、預金額の2倍以内に収まっているか？

STEP 1

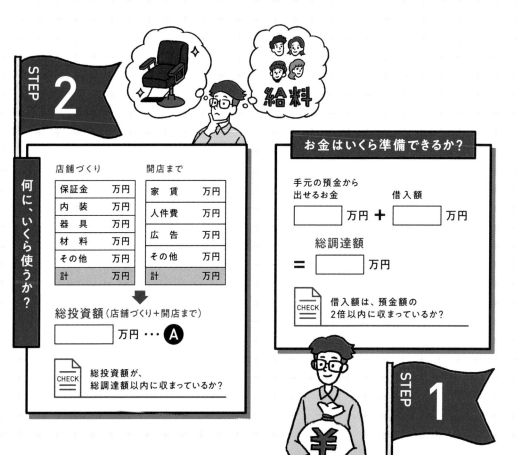

STEP 3

どうやって回収するか？

1ヵ月のもうけ

総売上	万円
（うち店販売上）	万円
粗利益 （総売上×0.9）	万円

－

毎月かかる固定費

家　賃	万円
人件費	万円
広　告	万円
その他	万円
減価償却費	万円
固 定 費 計	万円

➡ 1ヵ月の経常利益（粗利益－固定費）＝　　万円

➡ 1ヵ月で手元に残るキャッシュ（純利益［経常利益×65%］＋減価償却費）＝　　万円

➡ 1年間の回収額（1ヵ月で手元に残るキャッシュ×12ヵ月）

＝　　万円…B

STEP 4

出店はOK？NG？

資金回収期間
＝総投資額A÷1年間の回収額Bが…

3年以下	優 良	お金がたまる出店規模
5年以下	普 通	出店規模問題なし
10年以下	注 意	出店規模を抑える努力を
10年超	危 険	出店計画は白紙に…

出店条件を見直して
資金回収期間を短縮しよう

76ページには、総投資額3000万円の店舗を出店する設定で、資金回収期間の計算例を示しました。条件的には、都心の繁華街なら15坪前後、郊外なら20～25坪の路面店で、セット面5～8面、スタッフ5人（スタイリスト3人、アシスタント2人）程度の規模になると思います。

結果、資金回収期間は約5年5ヵ月となり、基準に照らすと「注意」、見直しが必要と判定されました。

この結果を受けて、いっそ計画を白紙に戻すというのも一つの経営判断ですが、実はそれ以外にも資金回収期間を短縮する方法がありますので、実務に役立つ交渉のヒントも絡めながら簡単に述べていきます。

❶フリーレント期間の延長交渉

テナント契約から開業まで、家賃だけ払う期間が生じます。交渉によ

り、この期間の一部でも**フリーレント**とできれば、費用を圧縮できます。

❷保証金の減額交渉

美容業は、飲食などと比べて店内をきれいに使うので、**保証金は3～6ヵ月が相場**。それより高いならば交渉の余地があります。

❸開店までの期間の圧縮

内装デザインや工事の**期間を圧縮**し、早く開店することで、開店までの費用を圧縮できます。

❹売上アップ

企業努力によって技術売上や店販売上を増やせるならば、資金回収期間を短縮できます。

77ページに、これらを行なった場合の試算例を示しましたが、どれも資金回収期間を5年以下に抑えることに成功しています。他にも、資金回収期間の短縮法はたくさんあります。試算しながら検討してください。

!! ポイント

試算で出店NGと判定されても、出店条件の見直しやテナントオーナーなどとの交渉、企業努力によって、出店OKにすることが可能です。繰り返し試算しましょう。

この出店、OK？ NG？ 17

出店条件

貯蓄額　1000万円（手元の預金から出せるお金も同額）
家　賃　40万円 ※1ヵ月フリーレント
保証金　12ヵ月
1ヵ月当たり人件費　160万円
契約から開店まで　4ヵ月

STEP 1　資金調達

手元の預金から出せるお金 1000万円 ＋ 借入額 2000万円 ＝ 総調達額 3000万円

STEP 2　投資

店舗づくり	
保証金	480万円
内　装	900万円
器　具	300万円
材　料	160万円
その他	160万円
計	2000万円

開店まで	
家　賃	120万円
人件費	720万円
広　告	120万円
その他	40万円
計	1000万円

➡ 総投資額 3000万円 …Ⓐ

STEP 3　回収

1ヵ月のもうけ	
総売上	350万円
（うち店販売上）	（50万円）
粗利益（総売上×0.9）	315万円

－

毎月かかる固定費	
家　賃	40万円
人件費	160万円
広　告	30万円
その他	20万円
減価償却費	10万円
固定費計	260万円

1ヵ月の経常利益（粗利益－固定費） ＝ 55万円

1ヵ月で手元に残るキャッシュ（純利益［経常利益×65%］＋減価償却費） ＝ 45.8万円

1年間の回収額（1ヵ月で手元に残るキャッシュ×12ヵ月） ＝ 550万円 …Ⓑ

STEP 4　出店のOK/NG判定

資金回収期間
＝3000万円 ÷ 550万円 ＝ 5.45年 ➡ 出店NG…

STEP EX

EXTRA STEP
出店計画を見直そう

見直す内容	投資額・回収額の変化	資金回収期間
大家さんや不動産会社と交渉して、 保証金を12ヵ月→6ヵ月へ減額し、 フリーレント期間を 1ヵ月→3ヵ月へ延長する	「店舗づくり」の 保証金　480万円→240万円 家　賃　120万円→40万円 総投資額は2680万円に減額	4.87年
開店までの期間を2ヵ月に短縮し、 人件費と家賃を圧縮する	「店舗づくり」の 人件費　720万円→360万円 家　賃　120万円→40万円 総投資額は2600万円に減額	4.72年
技術売上を 月平均20万円上げる	「1ヵ月のもうけ」の 総売上　350万円→370万円 1年間の回収額は690万円に増額	4.35年
店販売上を 月平均10万円上げる	「1ヵ月のもうけ」の 総売上　350万円→360万円 1年間の回収額は620万円に増額	4.84年
上記全てを実現する	総投資額は2280万円に減額 1年間の回収額は760万円に増額	3年

➡ 出店 OK!

一般企業並みの給与を出せる「強い」サロンを目指そう

厚生労働省の「賃金構造基本統計調査」の最新値から、理美容業（従業者10人以上）の平均年収を計算すると、**約３０２万円**となります。この年収、どう感じますか？「独立前と同程度」「当時はもっと少なかった」など、思いはさまざまだと思いますが、しかし、国税庁の「民間給与実態統計調査」を基に一般企業と比較すると、事業所規模10～29人の企業とは約１２０万円、５０００人以上の企業とは２００万円以上の開きがあります。つまり、現状の美容業は残念ながら**「稼げていない」職業**なのです。美容業では高い離職率が常に問題となりますが、その根本は、長時間勤務やトレーニングの厳しさよりも、給与水準の低さにあると考えます。

さて、本書ではここまで、「美容

18

業」という枠内での「強いサロンの数値管理」を述べてきました。しかしこれだけでは、**本当の意味での「強いサロン」**にはなれません。スタッフは周囲のサロンばかりか、一般企業に勤める知人らの給与と比較して、「このまま美容師を続けていいのだろうか」と自らの進路を考えるからです。言い換えると、他サロンとの比較はもちろん、一般企業と比べても遜色なく稼げるサロンになって初めて、スタッフが辞めなくなり、安定した成長も実現します。

ただし、十分な給与を支払うためには、それに見合った、高い生産性が必要です。経営者は、その生産性をどう実現するかについて、数字をもとに考える必要があります。次ページから、このことについて考えていきましょう。

!! ポイント

美容業という枠で見るのではなく、一般企業と比べても遜色のない、「強い」サロンづくりを目標に掲げましょう。

18

美容業と一般企業の給与水準

あなたのサロンにおける、スタッフの平均年収と平均年齢・勤続年数は？

A 平均年間給料・手当		円
B 平均賞与		円
A ＋ B 平均年収		円
平均年齢		歳
平均勤続年数		年

それは左ページの給与水準や勤続年数と比べて、どの程度の差がありますか？

「強いサロン」のために目指す給与水準

1. 理美容業平均の120%の給与水準
   ➡ 平均年収360万円（平均勤続年数7.3年）
2. 業種を問わず事業所規模別で10～29人の給与水準
   ➡ 平均年収420万円（平均勤続年数11.8年）
3. 業種を問わず事業所規模別で5,000人以上の給与水準
   ➡ 平均年収510万円（平均勤続年数12.9年）

参考1 理美容業の平均年収

	Ⓐ 平均年間給料・手当（万円）	うち所定内労働時間に対する給料・手当（万円）	Ⓑ 平均賞与（万円）	Ⓐ＋Ⓑ 平均年収（万円）	平均年齢（歳）	平均勤続年数（年）	
10~99人	288	279	8	296	31.3	7.6	
100~999人	302	282	6	308	31.9	6.5	
1,000人以上	334	287	2	336	38.4	6.5	
10人以上計	295	280	7	302	32.0	7.3	❶

出典：厚生労働省「平成30年 賃金構造基本統計調査」

参考2 事業所規模別の平均年収

		Ⓐ 平均年間給料・手当（万円）	Ⓑ 平均賞与（万円）	Ⓐ＋Ⓑ 平均年収（万円）	平均年齢（歳）	平均勤続年数（年）	
1~4人	男	385	16	401	54.2	17.5	
	女	224	15	239	56.4	18.0	
	計	308	16	324	55.3	17.7	
5~9人	男	451	32	483	51.1	14.9	
	女	241	23	264	50.5	13.2	
	計	359	28	387	50.8	14.2	
10~29人	男	455	52	507	48.1	12.9	
	女	255	32	287	47.7	10.1	
	計	377	44	421	47.9	11.8	❷
30~99人	男	444	74	518	46.2	12.0	
	女	259	44	303	45.5	8.8	
	計	372	63	435	45.9	10.8	
100~499人	男	432	92	524	45.0	12.6	
	女	258	48	306	44.8	8.7	
	計	360	74	434	45.0	11.0	
5,000人以上	男	523	159	682	43.1	15.9	
	女	237	44	281	44.0	8.9	
	計	401	110	511	43.5	12.9	❸
総計	男	455	90	545	46.3	13.7	
	女	252	41	293	46.5	10.1	
	計	371	70	441	46.4	12.2	

出典：国税庁「平成30年分 民間給与実態統計調査」

給与水準をもとに
サロンの目標生産性を考えよう

では、どのようなサロンの姿を目指したらいいのか。84～85ページに、理美容業の平均的な費用構造と一人当たり年間総売上、および月生産性と年収の関係を図に示しましたので、それとともに見ていきましょう。

図中、一番右の棒グラフは、理美容業における平均的な年収：３０２万円を支払う場合の例です。人件費を総売上の45％として計算すると、必要な月生産性は**57万円**となります。これは、一般に言われる美容業の生産性とも一致します。ただし、ここには社会保険料が含まれていないため、社会保険に加入すると、人件費は約15％増加し、必要な生産性は**65万円**に上がります。

次に、80ページで示した❶理美容業平均の１２０％水準：３６０万円へ引き上げる場合、必要な生産

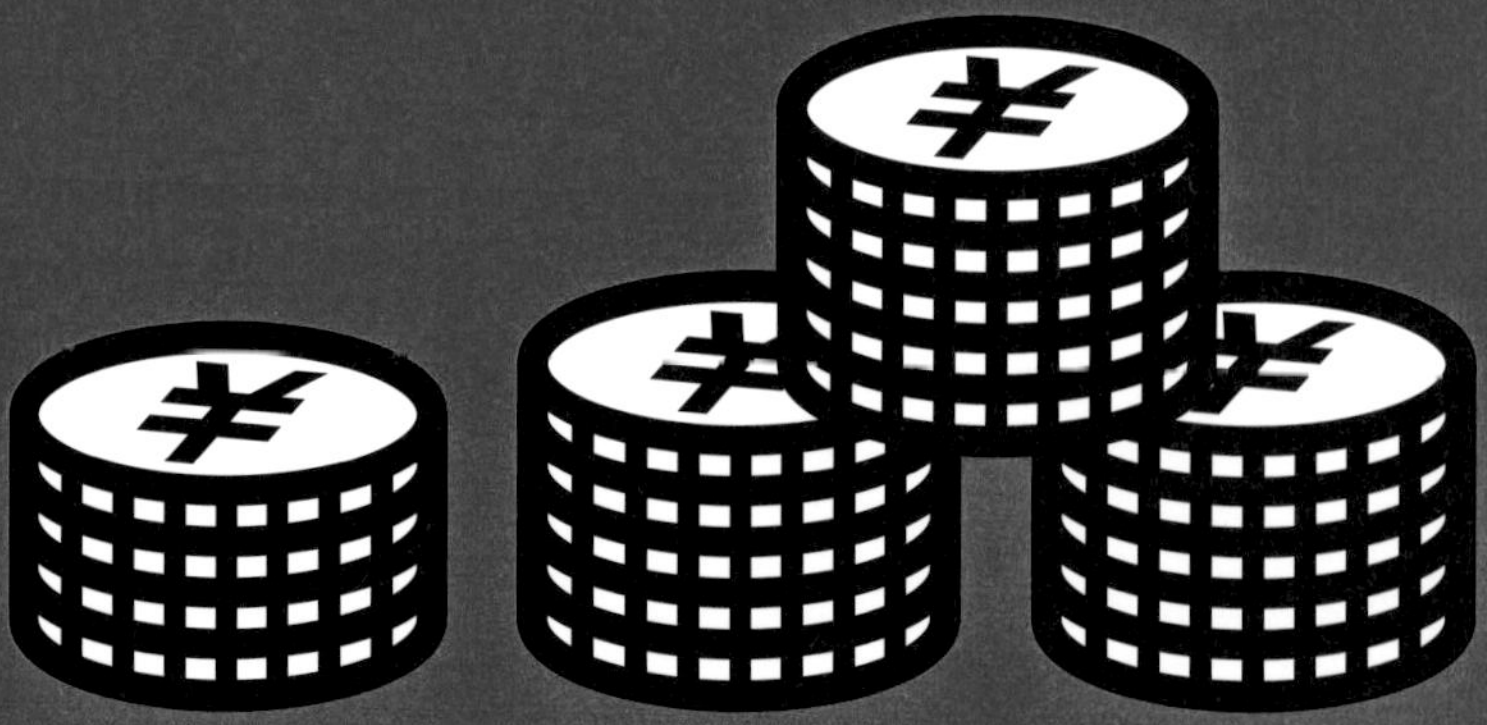

19

性は**77万円**となります。また、❷一般の中小企業並みの給与水準：４２０万円にするならば生産性は**89万円**が必要です。美容業界では近年、生産性１００万円が目標に掲げられていますが、この90%水準まで達成できれば、一般企業に負けない待遇が用意できます。

そして、❸大企業並みの給与：５１０万円を実現する生産性は**１０７万円**です。アシスタントを雇用してこの水準に到達できているサロンはごくわずかですが、商品力・サービス力・ビジネスモデルを洗練させ、優位性を獲得できれば、**不可能ではない**のです。

!! ポイント

生産性とは、スタッフに高い給与を支払って豊かな美容人生を約束するための指標であり、お客さまが感じる価値と信頼のバロメーターでもあります。ぜひ高生産性サロンを目指してください。

19 スタッフの平均年収、いくらを目指すか

スタッフ1人当たりの年収と年間売上・生産性の関係（単位：万円）

総売上に対する費用の比率

売上原価：10％、人件費：45～50％、
広告宣伝費：5％、その他経費：12％。
家賃は1人当たり1ヵ月5万円（年60万円）で固定。

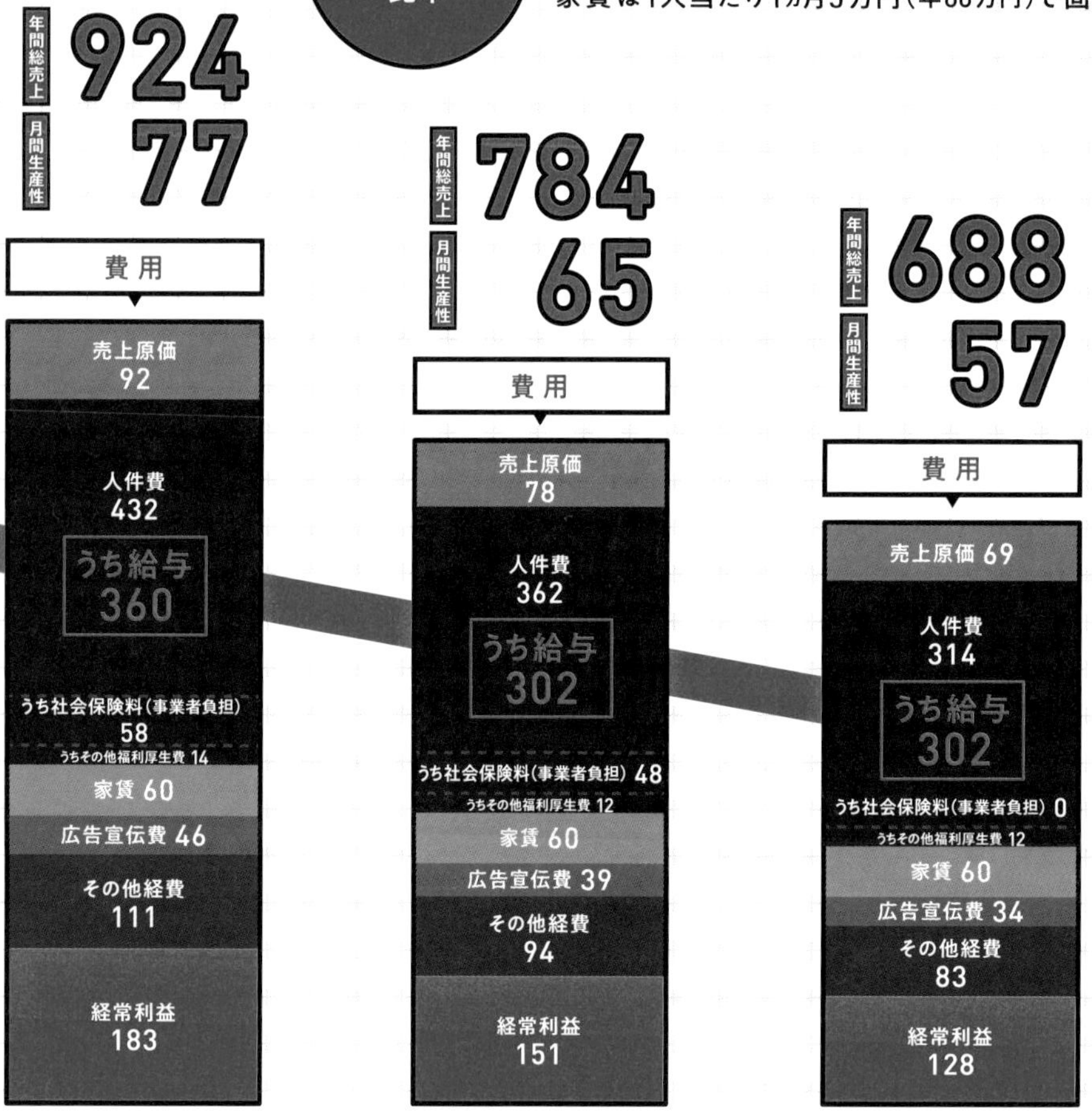

❶ 給与を「理美容業平均の120％水準（360万円）」に引き上げる

給与水準は変えず、社会保険を完備する

美容業の平均的な給与水準・社会保険未加入の場合

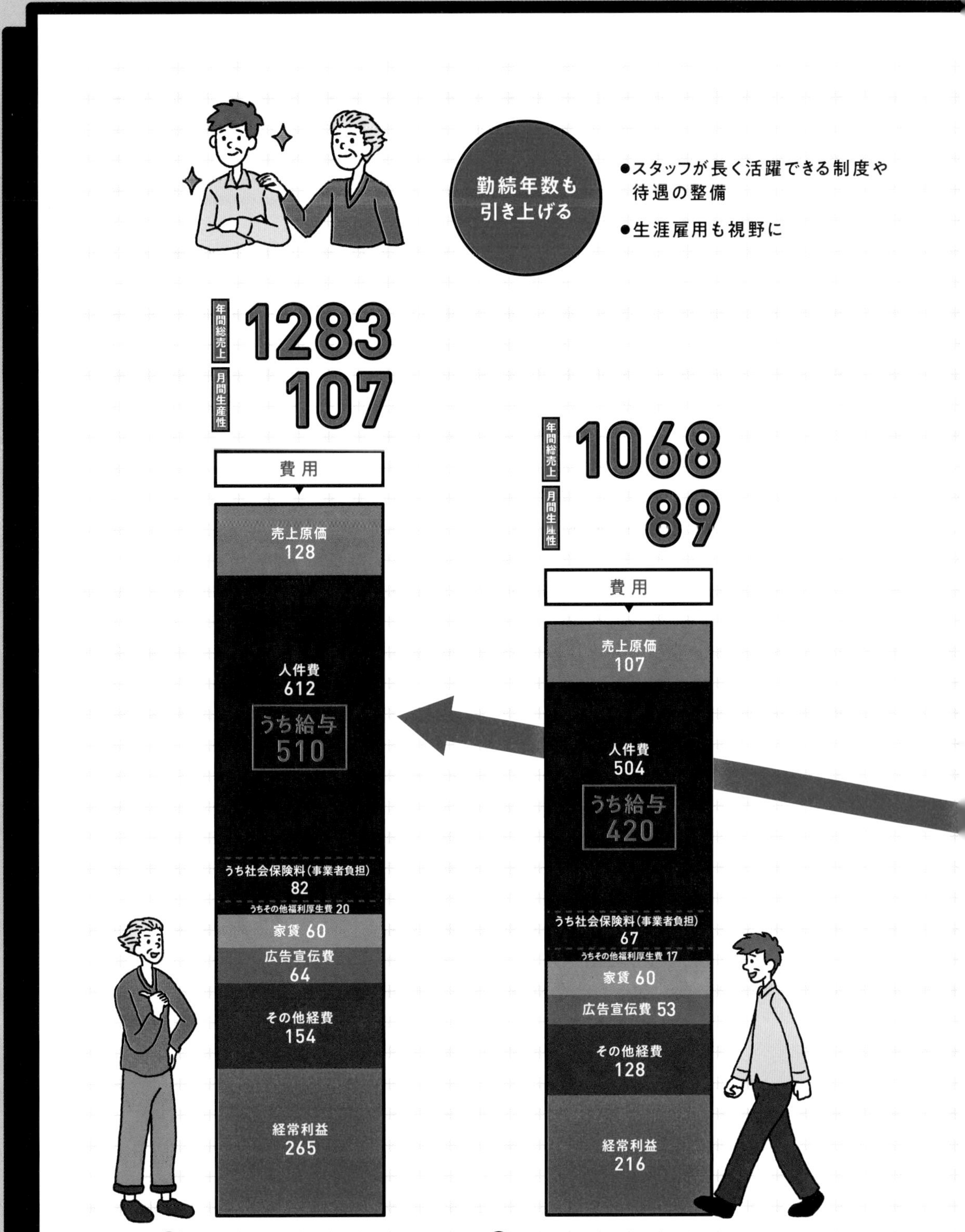

❸ 給与を「業種を問わず5,000人規模の
給与水準（510万円）」に引き上げる

❷ 給与を「業種を問わず10~29人規模の
給与水準（420万円）」に引き上げる

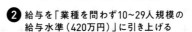

ビジネスモデルを数字ベースで可視化しよう

前項では、美容業が一般企業と遜色のない待遇を実現するための条件について、生産性の観点から述べました。しかし、単に「生産性を高めよう」と号令をかけるだけでは、売上も人もついてきません。生産性を支えるのは、代金を支払ってくださるお客さま。そのお客さまの支持があって初めて、生産性アップが実現できます。

お客さまの支持とは、**「お客さまが他店ではなく、あなたのサロンを選ぶ理由」**、つまり**「差別化」**に他なりません。そこで最後に、差別化の数字について考えていきましょう。

まず、生産性は「売上＝お客さまの人数×商品やサービスの単価」から決まるため、それぞれ、

❶お客さまの人数＝どれだけお客さまを集めたか（**集客**）

❷商品・サービスの単価＝その商品

20

やサービスにどれだけの価値があるか**（強みづくり）**、❸×**（掛け合わせ）**＝お客さまが商品やサービスを購入する理由をどれだけ増やせたか**（プロモーション）**と考えることもできます。これらは全て、**ビジネスモデル**（事業戦略）の一環ですので、つまり**生産性とは、サロンのビジネスモデルの「通信簿」**だともいえるでしょう。

では、生産性を上げるためには、まず何をしたらいいのか。ぜひおすすめしたいのは、自店の「集客」「強みづくり」「プロモーション」に関するビジネスモデルを、88〜89ページのような図に起こすことです。こうすることで、自店の現状の生産性がどのような要素で成り立っているかが分かるようになります。

!! ポイント

生産性は、ビジネスモデルの通信簿。サロンの集客・強みづくり・プロモーションを分析しましょう。

生産性とビジネスモデル 20

生産性とは…

「❶お客さまの（延べ）人数」と「❷商品・サービスの単価」の「❸掛け合わせ」

ビジネスモデルとは…

生産性を高めるための「集客」「強みづくり」「プロモーション」

つまり…

商品やサービスを購入する理由を増やす（掛け合わせ）＝プロモーション

お客さまの人数 × 商品・サービスの単価 ＝ 生産性

お客さまを増やす＝集客　　商品やサービスの価値を高める＝強みづくり

ビジネスモデル

あなたのサロンの月生産性は？

お客さまの人数　商品・サービスの単価　生産性

□人 × □円 ＝ □万円

➡ あなたのビジネスモデルで得ている生産性

現状のビジネスモデルを図にすると？

③掛け合わせ（プロモーション）

お客さまへ、どのように来店・購買を促しているか？

■

■

例）■プロモデルを起用した最新スタイル創作と発信
■「ママ友」の口コミ集客喚起
■ターゲット層が多く通る立地へ移転…など

①お客さま（集客）

あなたのサロンの「お客さま」は誰か？

■

■

例）■最先端のヘアデザインを得たい20代～30代の独身女性
■簡単なホームケアで若さを保ちたい30代～40代の既婚女性…など

×

②商品・サービス（強みづくり）

そのお客さまに何を提供しているか？

■

■

例）■サロン独自の技術とトレンド分析でつくる最新デザイン
■3分でセットできる時短スタイル…など

＝

生産性　□　万円

POINT

このビジネスモデルが
ライバル店より優れていれば生産性は上がる

数字を使って
ライバルと差別化しよう

生産性は、自店だけで完結するものではありません。なぜなら、お客さまは、あなたのサロンと別のサロンとを比較して、より自分にとって価値があると判断したサロンを選ぶからです。自店のビジネスモデルがどれだけ優れていると自負しても、ライバル店との比較で劣っていたら、お客さまから選ばれませんし、逆にライバル店より優れていれば、お客さまはあなたのサロンを選択し、より多くの対価を支払ってくださり、生産性も上がります。

　そこで、ライバル店のビジネスモデルも調査し、92ページのような図に起こしていきましょう。なお、ライバル店の生産性は、メニュー単価やお客さまの入り具合などから推測していきます。こうした思考訓練を繰り返していくと、経営や数字の感覚が身に付きます。

21

ライバル店のビジネスモデルが描けたならば、**自店と比較し、優劣を把握します**。この優劣の総体が、現状の生産性として表れているのです。

そして最後に、ライバル店に勝つための方策、すなわち「差別化」を考えていきます。先ほどと同様に、93ページのような図に起こしていきましょう。3つの全てで勝つのでもよいですし、どこか一つで出し抜くという方針でもよいでしょう。

大事なのは、生産性の目標数値を決めた上で、どう差別化すれば、その生産性を達成できるかを予測すること。**差別化とは、生産性を高め、目標を達成するために行なうもの**なのです。

!! ポイント

差別化とは、ライバル店を知って初めてできること。ライバル店のビジネスモデルを調査し、自店との優劣を比較して、目標の生産性を達成できるビジネスモデルを組み立てましょう。

21

ライバル店に勝つ ビジネスモデルを 数字から考える

ライバル店のビジネスモデルを図に起こし、比較しよう

③掛け合わせ（プロモーション）

ライバル店は、お客さまへ、どのように来店・購買を促しているか？

- ■
- ■

①お客さま（集客）

ライバル店の「お客さま」は誰か？

- ■
- ■

×

②商品・サービス（強みづくり）

ライバル店はお客さまに何を提供しているか？

- ■
- ■

＝

生産性 ＿＿＿＿ 万円（予想）

89ページの自店の
ビジネスモデルと比較して…

●自店が勝っている点はどこか？

●自店が劣っている点はどこか？

ライバル店と差別化し、生産性を上げよう

例　スタッフ1人当たり客数75人、客単価8,000円、生産性60万円のサロンが生産性100万円を目指すなら、ライバル店とどこで差別化して達成するか？

❸ 掛け合わせ（プロモーション）

ライバル店でなく、自店を選ぶべき理由をお客さまにどう伝えていくか？

- ■
- ■

❶ お客さま（集客）

ライバル店の「集客」とどう差別化するか？

- ■
- ■

×

❷ 商品・サービス（強みづくり）

高額を出しても手に入れたい商品・サービスをどうつくるか？

- ■
- ■

差別化によって目指す客数・客単価は…

お客さまの人数		商品・サービスの単価		生産性	
	人 ×		円 =	100	万円

生産性の上げ方＝ビジネスモデルの可能性は無限に！

- 客数125人×客単価8,000円＝生産性100万円
- 客数100人×客単価10,000円＝生産性100万円
- 客数75人×客単価13,300円＝生産性100万円

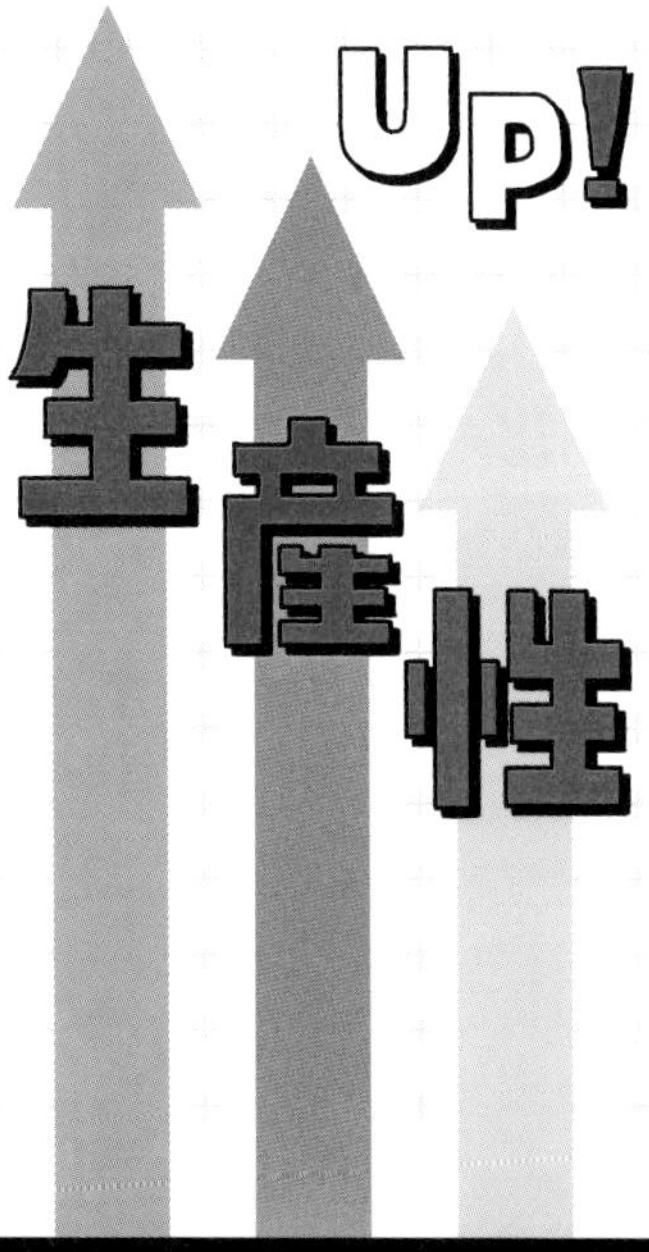

おわりに

ここまでお読みくださり、ありがとうございます。

「サロン・スタッフ共に豊かな未来を実現し、スタッフとその家族を幸せにする」という決意から始まった本書は、「数字をベースにライバル店と差別化する」という具体策にまで結び付きました。また、本書を読み終えたあなたは、「数字に強い経営者」へとランクアップし、その「経営者力」でも、他店に勝つことが可能となりました。

そして、あなたがさらにもう1段、経営者としてステップアップしたいと考えるならば、姉妹書『5年間で売上が倍になる サロンのための経営計画』（女性モード社刊）もお手に取っていただきたいと思います。「経営計画書」と「（月次）決算書」の両輪を持つことで、サロンの成長をさらに加速させることが可能となります。

AFTERWORD

なお、古田土会計では、経営計画書や月次決算書の作成・運用を支援しています。「経営改善に取り組みたいけれど、何から始めたらいいか分からない」「数字をもっと活用して、強い経営を目指したい」など、何でも結構です。ご相談がありましたら、ぜひ気軽にご連絡ください。豊富な指導経験を持つスタッフがサポートいたします。

最後になりますが、本書の出版に際しては、女性モード社の古田領一さんをはじめ、制作に携わった皆さまに大変お世話になりました。この場を借りて厚く御礼申し上げます。

税理士法人 古田土会計

1983年1月11日、古田土 満代表社員の
「中小企業の経営に役立つことこそ会計事務所の社会的使命」という思いをもとに設立。
月次決算書による会計指導と経営計画書の作成指導などを行なっている。
https://www.kodato.com/

図解 美容室経営の数字に強くなる本

2020年 1月25日　初版発行

定　価　本体1,980円＋税

著　者　税理士法人 古田土会計
発行人　寺口昇孝
発行所　株式会社女性モード社
http://www.j-mode.co.jp/
東京 / 161-0033 東京都新宿区下落合3-15-27
tel.03-3953-0111 fax.03-3953-0118
大阪 / 541-0043 大阪府大阪市中央区高麗橋1-5-14-603
tel.06-6222-5129 fax.06-6222-5357

印刷・製本　吉原印刷株式会社
カバー&本文デザイン・イラスト　田中俊光（turkey）

©株式会社 古田土経営 2020
Published by JOSEI MODE SHA Co.,Ltd.
Printed in Japan.
禁無断転載